本书研究工作受国家自然科学基金项目（项目编号：71372154）资助

JIT 生产 – 库存联合优化

考虑缺陷品处理策略的研究

李英俊　陈志祥◎著

知识产权出版社
全国百佳图书出版单位

图书在版编目（CIP）数据

JIT 生产－库存联合优化：考虑缺陷品处理策略的研究/李英俊，陈志祥著．—北京：知识产权出版社，2017.9
ISBN 978－7－5130－5181－1

Ⅰ.①J… Ⅱ.①李…②陈… Ⅲ.①企业管理—生产管理—研究 Ⅳ.①F273

中国版本图书馆 CIP 数据核字（2017）第 240776 号

内容提要

JIT（Just－in－time）指丰田公司的生产方式，其基本含义是按需生产，追求零库存和零缺陷。但在现实中，产品存在质量缺陷是一个客观事实，因此在企业的生产－库存联合优化决策中，必须考虑缺陷品的存在。本书对不完善质量条件下的单制造商单分销商的生产－库存联合优化模型进行了深入研究，考虑了在不完善质量条件下分销商的订货决策、制造商的生产决策以及相关的质量决策（包括缺陷品的处理决策、质量改进投资决策、质量信息分享决策等）对整个联合系统表现的影响，并建立了基于缺陷品处理方式、质量的持续改进以及质量信息分享等方面的生产－库存联合优化模型。

责任编辑：江宜玲　　　　　　　　责任校对：谷　洋
封面设计：邵建文　　　　　　　　责任出版：刘译文

JIT 生产－库存联合优化
考虑缺陷品处理策略的研究

李英俊　陈志祥◎著

出版发行：知识产权出版社 有限责任公司	网　　址：http://www.ipph.cn
社　　址：北京市海淀区气象路 50 号院	邮　　编：100081
责编电话：010－82000860 转 8339	责编邮箱：jiangyiling@cnipr.com
发行电话：010－82000860 转 8101/8102	发行传真：010－82000893/82005070/82000270
印　　刷：北京嘉恒彩色印刷有限责任公司	经　　销：各大网上书店、新华书店及相关专业书店
开　　本：720mm×1000mm　1/16	印　　张：8.25
版　　次：2017 年 9 月第 1 版	印　　次：2017 年 9 月第 1 次印刷
字　　数：126 千字	定　　价：36.00 元
ISBN 978-7-5130-5181-1	

出版权专有　侵权必究
如有印装质量问题，本社负责调换。

前　言

JIT（Just-in-time）生产，也叫准时化生产，是丰田公司的生产方式。其基本含义是按需生产，也就是在需要的时间，按照需要的数量、需要的品质，生产所需要的产品。丰田生产系统（TPS）有两个支柱——准时化和自动化，其基本理念是"双零"——零库存和零缺陷。

虽然JIT生产把零缺陷作为其目标，但是在现实中，产品存在质量缺陷是一个客观事实。因为在任何企业的生产中，生产条件都是不完善的，人（员工）、机（设备）、料（物料）、法（方法）、环（工作环境）都是随时变化的。汽车制造企业，如通用、大众、丰田等都有因为产品质量存在问题而召回已销售汽车的情况。因此在生产运作管理决策中，包括生产－库存优化决策中，这种生产条件的不完善性必须予以考虑。本书研究的是在JIT生产系统中考虑不同缺陷品处理方式下的生产批量和分销库存订货联合决策问题，探讨不同缺陷品处理方式对制造商和分销商（或者零售商）的生产－库存优化的影响。

基于此，本书对不完善质量条件下的单制造商单分销商的JIT生产－库存联合优化模型进行深入研究，考虑在不完善质量条件下分销商的订货决策、制造商的生产决策以及相关的质量决策（包括缺陷品的处理决策、质量改进投资决策、质量信息分享决策等）对整个生产－库存联合系统表现的影响，并建立了基于缺陷品处理方式、质量持续改进以及质量信息分享等方面的生产－库存联合优化模型。

首先，从分销商的角度出发，对以往考虑缺陷品的生产－库存模型中缺陷品整批处理的假设进行放宽，构建基于缺陷品分批处理的生产－库存联合优化模型，分析在什么条件下进行缺陷品的分批处理要比缺陷品的整批处理更节约成本，并给出了分批处理次数与每次处理成本之间的关系式以及最优分批处理次数的计算方法。通过数值比较可以发现，当缺陷品每次处理成本为零时，缺陷品的分批处理要比相似情况下的整批处理平均总成本更优；当考虑缺陷品每次处理成本时，较小处理成本意味着对缺陷品的分批处理策略要比整批处理策略更优，但是随着处理成本的增大，须权衡分批处理所节省的库存成本和增加的处理成本来确定分批处理的次数。

其次，跟以往的生产－库存联合优化模型所假设的所有缺陷品都做报废处理有所不同，根据部分轻微缺陷品能像完美质量产品那样满足部分顾客需求的情况，构建了基于"可接受的缺陷品"的生产－库存联合优化模型，并分析了"可接受的缺陷品"的比例和顾客对其接受程度两个参数对模型的影响。数值分析说明，在相同"可接受的缺陷品"率的情况下，生产－库存系统的期望平均总成本会随着不接受"可接受的缺陷品"的顾客比例的增加而增加，而在相同不接受"可接受的缺陷品"的顾客比例的情况下，期望平均总成本会随着"可接受的缺陷品"率的增加而减少。

然后，从制造商和分销商买卖双方整体出发，基于全面质量管理的持续改进思想，考虑了制造商与分销商共同努力来提高交付给顾客的产品质量的情形。在考虑制造商对其生产过程、分销商对其质量检验过程进行动态的、多周期的质量改进投资的基础上，建立了基于质量持续改进的生产－库存联合优化模型来权衡制造商对其生产过程的改进投入、分销商对其检验过程的改进投入和缺陷品所带来的顾客索赔成本三者之间的关系，并分析了分销商不同质量检验策略的影响。数值分析说明，分销商的质量检验策略对制造商的质量改进投资有着重要影响，而在分销商的检验策略中，不检验和全批检验是成本最经济的两种检验策略。其次，分销商的检验比例越高，制造商的质量改进投资过程就越早达到稳定状态，特别是当每个周期能够投入的资金很小时。因此，分销商可以调整其检验策略来增加制造商进行质量检验的动力。

最后，针对制造商的质量信息为其私有信息的情形，建立了基于制造商质量信息分享策略的生产–库存联合优化模型，通过分析制造商在不同质量水平条件下的质量信息分享策略所带来的检验成本、缺陷品保证成本以及顾客索赔成本的变化来确定制造商的最优质量信息分享策略。通过数值计算可以发现，当制造商的质量水平较高（超过分销商的免检要求）时，进行质量分享是制造商的最优策略；而当制造商的质量水平较低时，无论分享和不分享质量信息，制造商都有对其生产过程进行投资来提高质量水平的动机。至于是否进行质量信息的分享，则须根据质量改进投资的成本系数和质量检验的单位成本等参数来确定，分销商可以通过分担质量投资成本等方式来鼓励制造商进行质量信息的分享。

本书是陈志祥教授主持的国家自然科学基金项目"不完善生产条件下多工厂柔性JIT生产–库存优化与原料供给系统研究"（项目编号：71372154）的一部分研究成果。本研究成果提出的管理启示对进一步探究准时生产库存问题有一定参考价值，对企业实际生产运作管理也有一定参考意义。

感谢知识产权出版社提供的支持，江宜玲编辑为本书的出版、编辑、修改做了很多细致的工作，提供了很好的建议，在此表示诚挚感谢。由于作者水平、时间和精力有限，本书纰漏之处在所难免，敬请读者批评指正。

作　者

2017年9月于广州

目　录

第1章　绪　论 ………………………………………………（1）

　1.1　研究背景与问题 …………………………………………（1）

　1.2　研究内容与框架 …………………………………………（6）

　1.3　本书的创新点 ……………………………………………（8）

第2章　文献综述 ……………………………………………（14）

　2.1　考虑不完善质量的库存模型 ……………………………（14）

　2.2　考虑不完善质量的生产－库存联合优化模型 …………（17）

　2.3　考虑质量持续改进的生产－库存联合优化模型 ………（21）

　2.4　考虑质量信息分享的生产－库存联合优化模型 ………（25）

　2.5　本章小结 …………………………………………………（27）

第3章　考虑缺陷品分批处理的生产－库存联合优化模型 ……（28）

　3.1　引　言 ……………………………………………………（28）

　3.2　符号说明与模型假设 ……………………………………（30）

　3.3　模型建立 …………………………………………………（32）

　3.4　数值计算 …………………………………………………（42）

　3.5　本章小结 …………………………………………………（48）

第4章 考虑"可接受的缺陷品"的生产–库存联合优化模型 … (49)

    4.1 引 言 …… (49)

    4.2 符号说明与模型假设 …… (51)

    4.3 模型的建立 …… (54)

    4.4 数值计算 …… (62)

    4.5 本章小结 …… (64)

第5章 考虑质量持续改进的生产–库存联合优化模型 …… (66)

    5.1 引 言 …… (66)

    5.2 符号说明与模型假设 …… (70)

    5.3 模型建立 …… (72)

    5.4 数值计算 …… (78)

    5.5 本章小结 …… (83)

第6章 考虑质量信息分享的生产–库存联合优化模型 …… (84)

    6.1 引 言 …… (84)

    6.2 符号说明与模型假设 …… (87)

    6.3 模型建立 …… (90)

    6.4 数值计算 …… (101)

    6.5 本章小结 …… (106)

第7章 总结与展望 …… (107)

    7.1 全书总结 …… (107)

    7.2 研究展望 …… (110)

参考文献 …… (112)

第1章 绪　　论

1.1　研究背景与问题

1.1.1　研究背景

在市场竞争中，赢得顾客订单的要素很多，但最基本的法则是低成本、高质量。在生产运作管理的演变过程中，丰田生产方式是20世纪以来最有代表性的制造模式。丰田生产系统有两个支柱——准时化和自动化，其基本理念是"双零"——零库存和零缺陷。即通过JIT生产，如小批量生产、小批量运输、快速换模、看板控制、拉动生产线等措施来减少库存浪费；通过自动化实现零缺陷，丰田公司的自动化和一般的自动化不同，它强调质量控制中人的自觉自律、自我质量控制，加上简单、低成本的自动化措施（如防呆措施）实现零缺陷，减少不良品浪费。

虽然JIT生产把零缺陷作为目标，但是在现实中，产品存在质量缺陷是一个客观事实。因为在任何企业的生产中，生产条件都是不完善的，人（员工）、机（设备）、料（物料）、法（方法）、环（工作环境）都是随时变化的。汽车制造企业，如通用汽车、大众汽车、丰田等都有因为产品质量存在问题而召回已销售汽车的情况。因此在生产运作管理决策中，包括生产-库存优化决策中，这种生产条件的不完善性必须予以考虑。

生产-库存联合优化是一个经典的生产运作优化问题，已经有四十年的研究历史。Goyal（1977）首次提出的两层联合生产库存模型（Integrated Single-Vendor Single-Buyer Model，SVSB），在无限生产力假设下将供应商和销售商的库存决策联合起来考虑，建立一个批对批（Lot-For-Lot）的供货模型，以使买卖双方的共同利益达到最优。Banerjee（1986）将这种把供应商和销售商联合决策的生产库存模型看作买卖双方参与的经济批量模型，并称之为联合经济批量模型（Joint Economic Lot Size Model，JELS），其决策是确定JIT条件下补货策略中最优的订购批量、运输批量及运输次数。在此之后，许多学者以供应链整体利益为出发点，从各个不同的方面拓展了JELS模型，其中一个拓展方面是考虑不完善产品质量条件下的JELS模型。

传统的JELS模型往往假设制造企业的生产过程是完美质量的，而且制造企业向买方运输的所有产品都是没有缺陷的。然而，在现实中，产品质量直接受制于生产过程的可靠性，而人为和生产环境等因素都会影响生产过程的可靠性。一旦产品出现质量问题，就会导致返工、退货、赔偿等额外的成本和损失。鉴于此，买方在接收制造企业的送货后，就会对所接收的产品加以检验。检验后，完美质量的产品销售给顾客，而检验出来的缺陷品则以分批或整批处理的方式低价卖给次级消费者。因此在联合生产-库存模型中，除了要考虑需求量、订购成本以及存货成本外，还需要考虑不完善质量造成的成本。基于此，考虑不完善质量条件下的JELS模型引起了越来越多学者和制造企业的关注，并开始探讨在存在缺陷品的情况下，单制造商单分销商的生产-库存联合优化问题。

本研究站在一个新的角度，根据产品在生产-销售过程中缺陷品的不同处理方法，构建不同的生产-库存决策优化模型，分析不同缺陷品处理方法对生产-库存决策的影响。这种研究，目前国内外比较缺乏。本书所研究的问题从理论上可以丰富生产-库存优化理论，扩展研究空间，同时理论研究揭示的管理启示对企业生产运作管理实践也有重要参考价值。

1.1.2 研究问题

国内外大量文献从不同的角度、使用不同的研究方法对生产-库存联合优化模型进行了深入的探讨。从 JIT 生产和采购的角度来看，生产-库存模型是以小批量、多批次的供货模式为主，这方面的研究主要集中于对一个生产周期内供货策略的研究，如批对批（Goyal，1977；Banerjee，1986）、等量运输（Goyal，1988；Lu，1995）、非等量运输（Goyal，1995；Hill，1997）、等量与非等量混合运输（Hill，1999；Goyal，Nebebe，2000；Hoque，Goyal，2000；Zhou，Wang，2007；Giri，Sharma，2014）。从 JIT 的持续改进和 TQM 的全面质量管理角度对不完善质量下的生产-库存联合优化模型的研究主要包括分销商对产品检验后缺陷品的处理、质量改进（包括一次资金投入改进和连续多次资金投入的持续改进）、质量信息的分享、质量成本的分担、与质量相关的员工行为（包括生产中的学习效应、质量检验过程中的检验错误）等（Khan et al.，2014；Yoo et al.，2012；Ouyang et al.，2013；Ma et al.，2013a；Ma et al.，2013b）。虽然在文献中，学者们已经建立了不少关于不完善质量下的生产-库存联合优化模型，但这些模型存在一定的局限性。

（1）在考虑缺陷品的生产-库存联合优化模型中，普遍采用 Salameh 和 Jaber（2000）所设定的假设，即当分销商对制造商每批供货进行质量检验时，鉴定出来的缺陷品在一个消费周期内都是累积成一个批次低价出售给次级市场或作为废品整批直接处理掉。然而，对于缺陷品的处理次数并非只能有一次，因为将每一批次所有的缺陷品都囤积在等待处理的地方，势必会增加缺陷品的库存成本。而将缺陷品进行分批处理，一来可以减少库存成本；二来则是当一个运输批次的缺陷品检查完成时，缺陷品未必一次就可以处理掉。因此为了减少库存成本，需要在模型中考虑缺陷品的分批处理（Multiple-Batches）。即在检验过程中，所检验出来的缺陷品每过一段时间就处理一次，而非等检验结束以后才做一次处理。因此，何时需要对每次供货运输中的所有缺陷品进行分批处理，以及在生产-库存联合优化模型中如何确定分批处理的次数就成为一个需要深入研究的问题。

（2）分销商所检测出来的缺陷品也不是完全没有用处的，有时候不必全部作为废品处理掉。在实践中，检验出来的缺陷品可视其质量缺陷的轻重做两类处理：作为废品直接处理掉；不用返工或简单返工直接作为正常质量产品重新入库或直接把产品供应给客户，这些缺陷品被称为"可接受的缺陷品"（Acceptable Defective）。很多产品具有"可接受的缺陷品"的性质，如衣服、运动鞋、钱包、瓷盘等。这些"可接受的缺陷品"可能具有少量的瑕疵，但并不影响产品的外观及使用价值。另外，如水果、蔬菜等产品，只需要把烂的部分削去，把其他完好的部分包装起来就可以作为完美质量的产品出售。因此，如何在不完善质量条件下的联合生产－库存模型中考虑这部分"可接受的缺陷品"对制造商和分销商库存的影响就是一个值得探讨的问题。

（3）在生产－库存联合优化模型中，缺陷品的存在对库存决策有着重大的影响。缺陷品可能由于制造商的不完善生产过程和分销商的不完善检验过程而落入顾客的手中。这无疑将导致缺陷品的返修和退货，从而影响到整个供应链的利润，因此企业会通过对生产过程和检验过程进行资金投入来减少这些负面的效应。对于管理者来说，其管理问题是：在投入资金的约束下，企业是进行一个周期的质量改进还是进行连续的质量改进。目前对库存模型中关于质量资金投入的研究主要集中于质量改进的一次投入，即通过资金投入，令企业生产中的产品质量由一个较低的水平跳跃到一个较高的质量水平，而往往忽视了生产中持续的质量改进及其资金投入的问题。但是现实中，质量的改进是一个循序渐进的过程，而企业能一次投入质量改进过程中的资金也是有限制的；理论上，无论是 JIT 生产/采购，还是 TQM 中的 PDCA 环，都要求企业进行质量的持续改进。另外，质量改进资金投入往往是由制造商支付，但是如果制造商无法承担这些投入资金，就没有办法得到联合系统的最优结果。在生产－库存联合优化模型中，为了达到整个系统的最优，需要制造商和分销商在质量改进资金投入问题上达成一致，厘清各自对质量改进投入承担的比例。因此对联合优化模型而言，在资金投入能力的限制条件下，寻找一个质量改进的资金投入路径以及投入资金的分担方案就成了管理者需要考虑的问题。

(4) 在生产-库存联合优化中，制造商对产品质量信息的掌握要比分销商多，因此产品的质量信息为制造商的私有信息，而分销商在不掌握质量信息的情况下就需要对制造商所供应的每个批次进行 100% 的检验以甄别那些缺陷品。但是如果制造商在激励下能对质量改进进行资金投入，令其质量水平达到分销商免检的阈值，并将其真实的缺陷品信息（如缺陷率）分享给分销商，令其免去对产品的质量检验过程，就可以节省相关的检验费用。因此，这里存在两种情形。第一种情形是无质量信息分享的情况：制造商没有对质量改进进行资金投入，分销商对每个供应批次进行缺陷品检验。在这种情况下，联合库存中主要考虑检验成本、库存成本（包括完美品库存和缺陷品库存）、生产准备成本等。第二种情形是有质量信息分享的情况：制造商对质量改进进行资金投入，令其生产的产品质量达到分销商的免检水平，分销商在接收到供应后无须进行缺陷品的检验。在这种情况下，联合库存中就主要考虑质量改进资金投入成本、库存成本（包括完美品库存和缺陷品库存）生产准备成本等。因此，如何从库存控制的角度来分析是否进行质量信息的分享，如何确定质量分享中制造商的质量改进资金投入水平，如何激励制造商令其有动机进行质量投入和质量分享就是在单制造商单分销商的联合库存模型中迫切需要解决的问题。

基于以上提出的问题，本研究考虑到产品质量对生产和库存的影响，探讨和研究在不完善质量条件下的 JIT 生产-库存联合优化模型的联合优化和协调。生产-库存联合优化模型考虑的是一个销售商向一个制造商订货，制造商接到订货后进行生产来满足销售商需求的供货模型。在一个周期内，制造商的生产批量是销售商订购量的数倍，并向销售商进行多次、小批量的 JIT 式供货。为了能更加准确地反映企业的现实情况，帮助企业做出更好的库存决策，假设制造商的生产过程是不完美的，所生产的产品中包含一定比例的缺陷品。而销售商通过对制造商所供应的产品进行检验，将缺陷品剔除后，将完美质量的产品供应给顾客。相对于已有的关于不完善质量的生产-库存联合优化模型，本书主要从对缺陷品的处理、质量的持续改进和质量信息在制造商和销售商之间分享等多个角度对不完善质量的生产-库存联合优化模型进行深入研究，并探讨了不同的供货策略对以上各个模型的影响。本书可作为现有生产-库存联合优化模型的一个有益补充。

1.2 研究内容与框架

在分析以上研究问题的基础上，本书从不完善质量的角度考虑了生产-库存联合决策问题，从三个主要的角度来进行深入的分析：分销商对缺陷品的处理方式、生产-库存系统中质量的改善与质量信息的分享。并针对这三个角度建立不同情况下单制造商单分销商的生产-库存联合优化模型。本书的研究框架如图 1-1 所示。

```
                    绪论
                  （第一章）
                     │
                  文献综述
                  （第二章）
                  ┌──┴──┐
    考虑缺陷品分批处理的          考虑可接受缺陷品的
    生产-库存联合优化模型         生产-库存联合优化模型
       （第三章）                    （第四章）
                  └──┬──┘
                  ┌──┴──┐
    考虑质量持续改进的           考虑质量信息分享的
    生产-库存联合优化模型         生产-库存联合优化模型
       （第五章）                    （第六章）
                  └──┬──┘
                  总结与展望
                  （第七章）
```

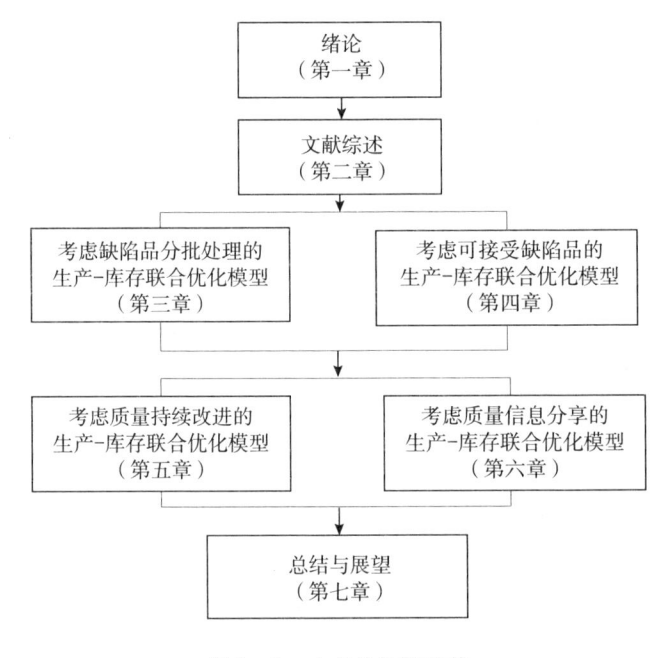

图 1-1　本书的框架结构

本书共分七章，每一章的主要内容如下。

第一章：绪论。首先介绍本书的研究背景，通过对文献进行综述继而提出了相关的研究问题和研究目的，并进一步指出其研究意义；然后介绍本研究的主要内容和整体结构；最后对本书的创新点进行详细的阐述。

第二章：文献综述。对相关的研究进行了系统的综述，包括考虑不完善质量的库存模型、考虑不完善质量的生产－库存联合优化模型、考虑产品质量持续改进和产品质量信息分享的生产－库存联合优化模型等研究现状，指出国内外现有研究的不足，提出本书研究的问题。

第三章：考虑缺陷品分批处理的生产－库存联合优化模型。在单制造商单分销商组成的生产－库存联合优化模型中，由于制造商生产过程不完善导致其生产出来的产品中包含一定比例的缺陷品，为了甄别这些缺陷品，分销商对制造商每一次供货实行100%的质量检验策略。为了降低缺陷品因囤积而导致的缺陷品库存成本，本研究分析了分销商对所甄别出来的缺陷品采用分批处理的处理策略时联合库存系统的平均总成本的变化，权衡了分批处理中节省的缺陷品库存成本和增加的处理成本，由此建立了基于缺陷品分批处理的生产－库存联合优化模型。

第四章：考虑"可接受的缺陷品"的生产－库存联合优化模型。缺陷品可因其质量缺陷的大小分为直接报废的缺陷品和"可接受的缺陷品"两种，其中"可接受的缺陷品"与完美质量产品都可以满足顾客需求，但是只有部分客户会愿意接受这些"可接受的缺陷品"。在此基础上，本研究分析了"可接受的缺陷品"对分销商的订货决策、制造商的生产决策以及相关库存决策的影响，并由此建立了一个受"可接受的缺陷品"影响的单制造商单分销商的生产－库存联合优化模型。

第五章：考虑质量持续改进的生产－库存联合优化模型。在制造商会对其生产过程进行资金投入以便提高其产品质量，且每次能投入的质量改进资金有约束的前提下，本研究分析了在多个生产周期中，制造商对其生产过程进行多次改进投入、分销商对其质量检验过程进行多次改进投入使得产品质量持续改进的情况，并建立了基于质量持续改进的生产－库存联合优化模型来分析联合系统总成本的变化。在此基础上求得质量持续改进情况下，生产－库存系统中制造商每个生产周期中对质量改进的最佳资金投入、订货和生产决策。

第六章：考虑质量信息分享的生产－库存联合优化模型。假设产品质量信息（如缺陷率）为制造商的私人信息。当制造商不向分销商分享质量信息时，分销商须通过全数检验来剔除缺陷品，则生产－库存系统中所涉及的成本包括检验成本、库存成本、生产准备成本等；而当制造商向分销商进行质量信息分享时，制造商须进行质量改进以达到分销商免检的质量水平阈值，则生产－库存系统中所涉及的成本包括质量改进资金投入成本、库存成本、生产准备成本等。通过比较制造商向分销商分享与不分享质量信息两种情况下的联合系统的总成本，本研究分析了在生产－库存联合优化模型中，制造商对质量信息是否分享的最优决策。

第七章：结论与展望。对本书的研究进行总结，并对进一步的研究工作进行展望。

1.3 本书的创新点

在现有文献的基础上，本书的创新之处主要有如下四点。

创新点一：提出考虑缺陷品分批处理的生产－库存联合优化方法

近年来，对于不完善质量条件下的生产－库存系统的研究日渐丰富。这些研究虽然能够考虑到缺陷品对生产－库存系统中相关运营决策（包括分销商的订货决策、制造商的生产决策以及双方的库存变化）的影响，有效地分析由于缺陷品所产生的相关质量成本对生产－库存系统中买卖双方的平均总成本的影响，但它们普遍采用了一个基本的假定：即当分销商对制造商每批供货进行质量检验时，鉴定出来的缺陷品在一个消费周期内都是累积成一个批次内低价出售给次级市场或作为废品在一个批次直接处理掉。基于这个假定的文献只考虑了生产－库存系统中的一个方面，而忽略了另一方面，即对于缺陷品的处理次数并非只能有一次，而是可以进行多次（即缺陷品的分批处理）。分批处理缺陷品一方面是由于每一批次所有的缺陷品都囤积在等待处理的地方，势必会增加缺陷品相关的库存成本，通过分批处理缺陷品，一来可以减少库存成本；二来则是当一个运输批次的缺陷品检查完成时，缺陷品未必就可以一次处理掉。对缺陷品进行分批处理必然会影响生产－库存系统中的库存成本以及缺陷品的处理成本，然而，在库存模型中考虑缺陷品的分批处理的研究还非常少。

基于此，本书从分销商对缺陷品处理方式的角度出发，首次将缺陷品的分批处理概念引入不完善质量的生产－库存联合优化模型中，构造了基于缺陷品分批处理的生产－库存联合优化模型，弥补了文献中缺陷品多批次处理方面的欠缺。首先，比较了一批处理和分批处理的生产－库存系统，并分析了在什么条件下进行缺陷品的分批处理要比缺陷品的一批处理更节约成本，最后给出了分批处理决策下的最优分批处理次数的计算方法。通过数值计算，我们得到如下启示：对于基于缺陷品分批处理的生产－库存联合优化模型，首先，在不考虑缺陷品每批处理成本时，缺陷品的分批处理要比相似情况下进行一批处理得到的期望平均总成本更优；其次，当缺陷品每批处理的成本不为零时，只要缺陷品的处理成本够小，缺陷品在分批处理策略下所得到的期望平均总成本就要比一批处理策略下所得到的期望平均总成本要小，随着每批处理的成本增加，须权衡分批处理所节省的缺陷品库存成本和增加的处理成本；再次，在缺陷品每批处理成本相同的条件下，期望平均总成本将随着缺陷品的单位库存成本的降低而降低；最后，在考虑缺陷品的生产－库存联合优化模型中，供货批次并不会随着缺陷品的分批处理次数和每批处理成本的变化而变化。相信本书所建立的基于缺陷品分批处理的生产－库存联合优化模型能够很好地解决企业在面临缺陷品库存空间有限的情况下如何进行缺陷品的分批处理决策的问题，并提供了确定分批处理次数的计算方法，以为企业决策者在进行这方面决策时提供相关的依据。

创新点二：提出考虑"可接受的缺陷品"的生产－库存联合优化方法

以往的相关文献常常假定，当分销商对制造商每批供货进行质量检验时，鉴定出来的所有缺陷品会直接出售给次级市场或作为废品全部处理掉。然而分销商所检测出来的产品也不是完全没有用处的，不必全部作为废品处理掉。在实践中，检验出来的缺陷品可视其质量缺陷的大小做两类处理：要么作为废品直接处理掉；要么不用返工或简单返工直接作为正常质量产品重新入库或直接供应给客户，这些缺陷品被称为"可接受的缺陷品"。很多产品都具有"可接受的缺陷品"的性质，如衣服、运动鞋、钱包、瓷盘等。这些"可接受的缺陷品"可能具有少量的瑕疵，但并不影响产品的外观及使用。另外，如水果、蔬菜等产品，只需要把烂的部分削去，把其他完好的部分包装起来就可以作为完美质量产品出售。这些"可接受的缺陷品"的出售无疑会影响到顾客对完美质量产品的需求，从而会影响生产–库存系统的相关运营决策，但是，目前尚未见到在生产–库存模型中考虑"可接受的缺陷品"的文献。

基于此，本书从分销商对缺陷品的处理方式的角度出发，首次将"可接受的缺陷品"的概念引入不完善质量的生产–库存模型中，构建了考虑"可接受的缺陷品"的生产–库存联合优化模型，弥补了文献中这方面研究的不足。首先，将分销商所甄别出来的缺陷品分为直接处理（报废）的缺陷品和"可接受的缺陷品"两种，"可接受的缺陷品"将与质量完善的产品一起来满足顾客的需求。根据实际市场环境，我们假定只有部分客户会愿意接受这些"可接受的缺陷品"。这些"可接受的缺陷品"的存在会影响分销商中用于满足顾客需求的完美质量产品的消耗，并会进一步影响到订货和库存决策，因此，在对问题进行相关分析后，我们建立了考虑"可接受的缺陷品"的生产–库存联合优化模型，分析了甄别出来的缺陷品中"可接受的缺陷品"的比例和顾客对"可接受的缺陷品"的接受程度对生产–库存系统的平均总成本的影响。通过数值计算，我们有如下几点启示：对于考虑"可接受的缺陷品"的生产–库存系统，首先，在固定"可接受的缺陷品"率的情况下，每次的运送量和期望平均总成本会随着不接受"可接受的缺陷品"的顾客比例的增加而增加；其次，在固定不接受"可接受的缺陷品"的顾客比例的情况下，每次的运送量和期望平均总成本会随着"可接受的缺陷品"率的增加而减少。最后，送货次数与"可接受的缺陷品"是否存在无关。而对于同样的送货次数,考虑"可接受的缺陷品"的生产-库存系统的期望平均总成本比不考虑"可接受的缺陷品"的期望平均总成本要小。对于分销商而言,当存在"可接受的缺陷品"时,为了降低系统的总成本,一方面可以尽量地提高产品的质量,增加不用返工或简单返工就能重新使用的产品比例,也即"可接受的缺陷品"的比例;另一方面可以通过承诺和提供售后保证等方式来鼓励顾客接受不影响产品使用的"可接受的缺陷品"的比例。

创新点三:提出考虑质量持续改进的生产-库存联合优化方法

在生产-库存系统中,缺陷品的存在对库存决策以及相关的运营成本有着重大的影响。缺陷品可能由于制造商不完善的生产过程以及分销商不完善的检验过程而落入顾客的手中,这无疑将导致缺陷品的返修和退货以及顾客的索赔,从而影响到整个供应链的利润。因此,生产-库存系统中的双方会通过各自的质量改进努力来减少交付给顾客的缺陷品数量,制造商会通过对生产过程进行投资,而分销商会对其检验过程进行投资来减轻这些负面的效应。虽然目前已经有一些文献在生产-库存联合优化模型中考虑通过对生产过程或质量检验过程进行质量改进来提高质量水平,但是这些文献主要是考虑对生产过程或质量检验过程进行一次性资金投入来进行质量改进,即通过资金投入,令联合系统中的产品质量由一个较低的水平跳跃到一个较高的质量水平。但在现实中,质量的改进是一个循序渐进的过程,一方面是因为质量的持续改进可能要比质量的一次性改进对企业而言更节省成本;另一方面是因为企业对于质量改进的投资额往往有一定的限制,也即质量改进存在资金约束。从这一角度上说,考虑质量的持续改进要比考虑质量的一次性改进对生产-库存系统更具有实际意义。然而,目前尚未有研究在生产-库存联合优化模型中考虑资金约束条件下的质量持续改进问题。

基于此,本书从制造商和分销商组成的联合系统的角度出发,基于全面质量管理的持续改进思想,首次针对生产-库存系统中的动态、多周期质量改进问题,建立了考虑质量持续改进的生产-库存联合优化模型,弥补了文献中这方面研究的不足。首先,分析了制造商与分销商共同努力来提高交付给顾客的产品质量的情形，建立了基于质量持续改进的生产-库存联合优化模型来权衡制造商对其生产过程的改进投入、分销商对其检验过程的改进投入和缺陷品所带来的顾客索赔成本三者之间的关系，并分析了分销商不同质量检验策略的影响（不检验、样本检验或全数检验）。通过数值计算，我们有如下几点启示：首先，分销商的质量检验策略对制造商的质量改进投资有着重要影响，分销商质量检验过程中的抽检比例越高，制造商的质量改进投资过程就越早到达稳定状态；其次，制造商的质量改进过程中每次能够投入的资金越小时，分销商高抽检率使得联合库存系统的表现越佳，通过对比不同的检验策略可以知道，不检验和全数检验是成本最经济的两种抽检策略；最后，由于分销商质量检查过程中的高抽检率能有效减少缺陷品流入顾客手中的概率，因此当分销商采取高抽检率时，制造商对其生产过程的质量改进力度就会减少，从而导致较高的缺陷品率。

创新点四：提出考虑质量信息分享的生产-库存联合优化方法

在现实中，制造商对产品质量信息的掌握比分销商要多，因此可认为产品的质量信息是制造商的私有信息，而分销商在不掌握质量信息的情况下就需要对制造商所供应的每个批次进行全数检验来甄别那些缺陷品。但是如果制造商在激励下能对质量改进进行资金投入，令其质量水平达到分销商免检的阈值，并将其真实的质量信息（如缺陷率）分享给分销商，令其免去对产品的质量检验过程，就可以节省相关的检验费用。因此，制造商质量信息分享策略的制定可以很大程度地影响生产-库存系统的表现。然而，目前尚未有研究考虑在生产-库存联合优化模型中质量信息分享的问题。

基于此，本书从制造商和分销商组成的联合系统的角度出发，基于信息分享的思想，首次针对生产-库存系统中的质量信息分享问题，建立了基于信息分享的生产-库存联合优化模型，弥补了文献中这方面研究的不足。本书首先就制造商是否分享其质量信息分析了两种情形：第一种情形是无质量信息分享的情况，制造商没有对质量改进进行资金投入，分销商对每个供应批次进行缺陷品检验；第二种情形是有质量信息分享的情况，制造商对质量改进投入资金，令其生产的产品质量达到分销商的免检水平，分销商在接收到供应的产品后无须进行缺陷品的检验。紧接着，通过分析制造商根据其自身的质量水平选择不同的质量分享策略时所涉及的分销商检验成本、制造商缺陷品保证成本以及顾客对缺陷品的惩罚成本的变化建立相应的生产–库存联合优化模型，就可以确定使联合系统的整体总成本最优的质量信息分享策略。通过数值计算，我们有如下几点启示：首先，当制造商的质量水平较高（超过分销商的免检要求）时，制造商进行质量信息分享能得到较小的联合系统平均总成本，因此制造商的最优策略是进行质量分享；其次，当制造商的质量水平较低时，无论是分享和不分享质量信息，制造商都会对其生产过程进行改进投资来降低缺陷品率；最后，当制造商的质量水平较低时，是否应该进行质量信息的分享，制造商须根据质量改进投资的成本系数和质量检验的单位成本等参数来确定。当质量改进投资的成本系数较小或质量检验的单位成本较大时，制造商更愿意对分销商进行质量信息的分享。

第 2 章 文献综述

在本章中,我们将阐述本书所涉及相关研究领域的文献综述。这里将所综述的文献分为如下若干方面:考虑不完善质量的库存模型、考虑不完善质量的生产-库存模型、考虑产品质量持续改进的生产-库存模型和考虑产品质量信息分享的生产-库存模型。

2.1 考虑不完善质量的库存模型

库存控制的基本思想是在满足顾客需求的前提下,优化库存成本。现代库存控制理论起源于 F. W. Harris 于 1913 年所提出的经济订货批量模型(Economic Order Quantity,EOQ),用于求解订购商每次订货的最佳订货批量。在此之后,EOQ 模型引起了众多学者的注意,发展出很多 EOQ 的拓展模型。但是过于理想化的假设条件限制了 EOQ 在实际中的应用,也促使研究者们对经典 EOQ 公式进行拓展性研究。比如在 EOQ 模型中,假设企业生产的所有产品都是没有缺陷的。然而,在现实中,产品的质量直接受制于生产过程的可靠性,而且人为和生产环境等因素都会影响生产过程的可靠性。Porteus(1986)分析了在 EOQ 模型中质量和产量之间的关系,假设企业的生产过程处于受控状态(In-control State)时所生产的产品都是质量完美的,而每生产完一个产品,企业的生产过程将以固定的概率由受控状态转为非受控状态(Out-of-control State)并产生缺陷品。当出现缺陷品时,企业要为缺陷品的返工支付额外的成本，并由此推导出最优生产批量公式。与 Porteus（1986）的模型相似，Rosenblatt 和 Lee（1986）同样假设了当企业的生产过程由受控状态转为非受控状态时产生缺陷品，并假设这个非受控状态会一直维持到生产批量结束。但是与 Porteus（1986）的模型不同的是，他们假设生产过程处于非受控状态的时间是一个服从指数分布的随机变量。这两篇文献都得出了一个共同的结论：即当生产中存在不完善质量的情况下，企业的最优生产批量要比完美质量情况下（即一般的 EOQ 模型）的最优生产批量要小。紧接着，Lee 和 Rosenblatt（1987）在 EOQ 中同时考虑订货批量和检验策略的决策，由此得到在固定缺陷率下的最优订货批量和最优检验策略。在前面的文献中，作者只考虑了非受控状态所涉及的缺陷品处理成本，而没有区分缺陷品在销售前后对成本的影响。与此不同的是，Lee 和 Park（1991）研究了缺陷品在销售前后的返工成本，支持了越早发现缺陷品所带来的成本越小的观点。Liou 等（1994）假设在质量检验过程中的两类检验错误（第Ⅰ类和第Ⅱ类检验错误），并讨论了在存在两类检验错误的情况下，如何确定最优的订货批量和最优的检验次数以令企业的总成本最小。Urban（1998）考虑了当缺陷率是机器运行时间的函数时的最优经济生产批量模型，并指出最优生产批量受生产过程中的学习效应的影响。Kim 和 Hong（1999）在 Rosenblatt 和 Lee（1987）的模型基础上考虑生产过程由于不受控状态产生缺陷品的最优生产批量问题，然而与之不同的是，这里受控状态向不受控状态转换的概率可以服从任何分布，使得模型更具有一般性。

前面所介绍的文献都假设不完善的生产过程所产生的缺陷品要么返工要么直接当废品处理。与这些文献不同的是，Salameh 和 Jaber（2000）建立了一个拓展的 EOQ 模型，假设产品中的缺陷品可以折价出售。由于供应商的生产过程不完善，生产过程中会出现一定比例的缺陷品，缺陷品出现的概率服从一个已知的分布，因此订货商在收到供应商所提供的产品后会通过 100% 检验的策略来剔除这些缺陷品。通过检验，完美质量产品直接用于满足顾客的需求，而所有缺陷品在一个周期末将整批折价出售给次级市场。结果发现，此时的最优订货批量要比一般的 EOQ 模型的最优订货批量要大，并且随着缺陷率的增大，订货批量也增大。在此之后，许多学者对 Salameh 和 Jaber（2000）所构造的模型进行了大量的拓展研究。如 Goyal 和 Gardenas – Barron（2002）对 Salameh 和 Jaber（2000）的模型进行了深入的研究，得出以更简单的方式来求得最优订货批量的解式。Chan 等（2003）比较了缺陷品的不同处理方法，如回收、返工等。Papachristos 和 Konstantaras（2006）指出 Salameh 和 Jaber（2000）的模型假设不足以保证在检验过程中避免缺货的发生。Tsou（2007）研究了考虑 Taguchi 质量成本函数的 EOQ 模型，其中缺陷品率服从正态分布。紧接着，Tsou 等（2009）考虑持续质量特性、返工和退货的经济生产批量（Economic Production Quantity，EPQ）模型。Maddah 和 Jaber（2008）指出了 Salameh 和 Jaber（2000）模型的错误，并将报酬更新理论引入考虑缺陷品的 EOQ 模型，分析了产品检验速度对最优订货批量的影响。李凌云和达庆利（2009）研究了模糊缺陷率假设下的 EOQ 模型，并在模型中考虑由于缺货导致顾客服务水平的约束，由此求解出令采购企业利润最大化的最优订货批量。徐如乾等（2010）考虑缺陷率为模糊随机数并允许缺货的 EOQ 模型，作者通过模糊理论将模糊 EOQ 模型转换为确定性的 EOQ 模型，发现当模糊随机缺陷率越大，最优的经济订货批量也越大。沙翠翠和周永务（2010）在 Liou 等（1994）的基础上假设产品的检验过程中存在检验错误，建立了考虑缺陷品的 EOQ 模型。通过分析检验错误和允许缺货对最优订货量和期望利润的影响，他们发现检验过程中第 I 类错误率越高，最佳订货批量越大，而利润越低。与之相反的是，当第 II 类错误率越高时，最佳订货量会减少，利润也会减少。夏海洋等（2012）研究了存在订购费用压缩假设下的、具有缺陷品的 EOQ 模型，在模型中，作者将检验成本、内外部的失效成本等质量成本都考虑进去，构建了一个总成本优化模型，并由此确定最优的订货批量。Hsu J. T. 和 Hsu L. F.（2013）在 EOQ 模型中同时考虑不完善质量产品、第 I 类和第 II 类检验错误、订单积压和销货退回等多种情况，并给出了最优订购批量、容许的最大缺货水平和最优订货点的显式求解。其他对 Salameh 和 Jaber（2000）模型进行拓展的相关研究可以参考 Khan 等（2011）所著的综述文章。

从以上研究现状可以看出,关于不完善质量条件下的 EOQ 模型与 EPQ 模型的文献能够很好地分析受不完善质量产品影响的库存模型的变化情况,为企业进行科学、有效的库存控制提供依据和参考。但是,以上的研究只关注一个企业的库存控制,而在供应链环境下,库存控制不仅需要考虑一个企业的财务运营目标,还需要对供应链上下游成员的库存进行管理和控制,使其库存水平保持在经济合理的水平上来降低整个供应链的成本。因此,从供应链联合的角度考虑不完善质量条件下的库存模型还需要进一步的研究。

2.2 考虑不完善质量的生产－库存联合优化模型

生产－库存联合优化模型(Integrated Production–Inventory Model 或 Integrated Vendor–Buyer Model),又称联合经济批量模型(Joint Economic Lot Size Model),最先由 Goyal 在 1977 年提出,其核心理念是通过综合考虑供应链中两个相邻节点——买方(Buyer)和供应方(Vendor)如何有效地进行联合决策而令这两个企业所组成的系统成本最小化或利润最大化。当分销商(即买方)观察到顾客的确定需求时,他将向制造商(即供应方)进行订货。制造商接到订单后按需生产,每一个生产批量将分为若干批运送给分销商,在这种情况下,分销商与制造商将通过合作来同步供应顾客的需求。研究表明,相对于分销商与制造商各自独立进行决策优化,通过联合决策优化来确定订货批量和运输计划(包括制造商给分销商的运送批数和每一批的数量)所带来的成本更小。因此,近三十年来,这类问题引起了众多学者的注意。

作为最早研究生产－库存联合优化模型的文献之一,Goyal（1977）提出将制造商和分销商联合起来考虑,建立一个"批对批"(Lot–For–Lot,LFL)的供货模型。这意味着制造商将分销商的订单都生产完后才作为一个批次运送给分销商,其中制造商的生产能力被认为是无穷大的,也即没有生产能力的限制。Banerjee（1986）同样采用"批对批"的供货策略,只不过是考虑制造商有生产能力限制的情况。他同时还指出生产－库存联合优化模型也可称为联合经济订货批量模型（JELS Model）。但是"批对批"的供货策略并非在任何情况下都是最优的供货策略，只有在制造商的生产准备成本（Setup Cost）明显低于分销商的订购费用（Ordering Cost）时，"批对批"的供货策略才是有效的。因此，Goyal（1988）通过放松"批对批"的假设，研究了一个更一般的JELS模型。在此模型中，他建议制造商在一个生产周期内的生产量是销售商订购量的整数倍，即分销商的订货量是通过若干次等量的运输（Equal-Size Shipments）来满足的。通过比较，可以发现多次运输（Shipment Policy）要比"批对批"那样的一次运输的最优平均总成本低。此后，大量文献对制造商向分销商多次运输供货的影响进行了深入的研究，结果表明在JIT采购中，JIT式的供货策略中小批量、多批次的运输特点对减少制造商-分销商所组成的联合系统的成本有着显著的影响。

Lu（1995）重新考虑Goyal（1988）所提出的问题，并将其拓展到一个制造商多个分销商的情形。为了得到生产-库存联合优化模型下的最优生产和运送策略，作者构造了一个有效的启发式算法进行求解。同时，Goyal（1995）研究了单制造商单分销商的生产-库存联合优化模型下的另外一种运送策略，其假设当制造商在一个生产周期内通过若干次运输供货给分销商时，批量的大小可以是不相等的，也即非等量运送方式（Unequal-size Shipment）。其中，相邻的运输批次都是按一个比例系数进行增加的，这个系数为生产率/需求率。通过对比以上两篇文章的运输方式，Viswanathan（1998）将Lu（1995）提出的运输方式命名为IDQ（Identical Delivery Quantity）策略，并将Goyal（1995）提出的运输方式命名为DWP（Delivery What is Produced）策略。同时，他还指出没有任何一种运输方式在任何情况下都是最优策略，具体运用哪一种运输方式取决于问题的参数设置。

Hill（1997）拓展Goyal（1995）的模型，把相邻运输批次的运输量的递增系数作为一个决策变量，结果表明最优的递增系数介于1和生产率/需求率的比率之间。通过数值计算发现，Hill所提出的运输方式要比等量运输方式和Goyal（1995）所提出的不等量运输方式表现得都好。紧接着，Goyal和

Nebebe（2000）在 Hill（1997）模型的基础上进行了拓展，通过综合等量运输和非等量运输方式的优势，提出一种等量运输和非等量运输混合的运输策略："Geometric – Then – Equal"。此运输策略包含两部分不同的运输批次，第一部分若干运输批次的运输量是按比例递增的，其中比例系数为生产率/需求率，而在第二部分的运输批次中，每个运输批次的运输量都是相等的。Hoque 和 Goyal（2000）放松了 Goyal 和 Nebebe（2000）对"Geometric – Then – Equal"策略的相关假设，由此得出一个更为一般性的运送策略，同时，他们还考虑了运输工具的能力约束。不同于以上所提到的文献，Hill（1999）所提出的运送策略不依赖于任何事先的假设，并指出最优的运送策略应该是由等量与非等量运输策略所组成的。Zhou 和 Wang（2007）也讨论了一个具有一般性的"Geometric – Then – Equal"运送策略。在此基础上，他们还讨论了买方的单位存储费用比卖方的单位存储费用高、允许缺货等情况下如何确定运输批次和运输量的问题。王圣东等（2010）研究了产品具有变质性质的生产–库存联合优化模型，讨论了如何利用价格折扣来影响购买方的订货策略。熊浩等（2012）通过分析生产–库存系统的库存变化的几何特征，建立了一个联合系统的库存–时间图来求解最优的订货策略。Glock（2012b）在两个供应商单个采购商的情况下比较了六种不同的运输结构，由此找出能令联合系统总成本最小化的运输结构。Giri 和 Roy（2013）研究了数量折扣和非等量运送策略下的生产–库存联合优化模型。

除了探讨不同的运送策略，学者们对生产–库存联合优化模型进行了多方面的拓展，如可以在生产–库存模型中考虑随机需求、随机提前期、可控生产准备费用、可控提前期、产品质量、产品具有易腐或变质性质以及学习效应等多个方面。其中，考虑不完善质量的生产–库存联合优化模型是 JELS 一个重要的拓展方向。Chan 等（2003）建立了与 Salameh 和 Jaber（2000）相似的模型，考虑产品可以分为完美质量产品、返工后的完美质量产品、有质量缺陷产品以及废品。Huang（2002）拓展了 Salameh 和 Jaber（2000）的模型，考虑了一个不完善质量的生产–库存联合优化模型并假设在等量运送策略下，每一运输批次都包含一定比例的缺陷品。紧接着，Huang（2004）也考虑了制造商的运输批次中含有缺陷品的生产－库存模型，但不同的是，当制造商在一个生产周期内向分销商多批次运送时，每个运输批次中含有的缺陷品数量服从一定的概率分布。分销商为了甄别每一运输批次中的缺陷品，在接收每一运输批次时都会进行 100% 的检验，而对剔除出来的缺陷品采用与 Salameh 和 Jaber（2000）的模型相同的处理策略。此后，Huang（2004）的假设条件被其他文献多次采用。夏海洋（2009）考虑了质量议题下的联合库存模型，并从可压缩的订购费用、可调整的检验速率、允许缺货和随机需求等方面对 Salameh 和 Jaber（2000）的模型进行了拓展，并将田口质量损失函数引入具有缺陷品的生产－库存模型中，从质量改进和非质量改进两个方面分析了质量投入对库存系统总成本的影响。最后还从博弈的角度分析了企业质量投入和质量检验策略之间的关系，探讨了如何通过契约（Contract）来对生产－库存系统中的库存水平进行协调。李群霞和张群（2011）研究了当缺陷品率模糊的时候生产－库存模型的优化问题，在模型中，他们还探讨了允许缺货的情况。

Hsu J. T. 和 Hsu L. F.（2013）拓展了 Huang（2004）的模型，考虑分销商的质量检验过程中出现检验错误的情况。紧接着，Hsu J. T. 和 Hsu L. F.（2013）将他们的模型再拓展到考虑允许缺货的情况，缺货的产品采用全部延期供给的策略。Bouslah 等（2013）考虑在联合经济批量中当生产不可靠的时候如何将产品抽检中接收水平作为控制产品质量的手段。

虽然有不少研究考虑不完善质量下的生产－库存联合优化模型，但是一般都是基于多批次、等量运输的运输策略，少有研究考虑当每一批次中包含一定比例缺陷品的情况下，运输方式对联合系统成本的影响。Giri 和 Sharma（2014）在 Huang（2004）的模型的基础上考虑不等量运送策略。通过构造基于三种不同运输方式下考虑质量缺陷的生产－库存联合优化模型并进行对比，他们发现相对于等量运送策略，不同的非等量运送策略会在不同程度上达到降低系统总成本的效果。更多关于不完善质量条件下生产－库存联合优化模型的探讨，可参阅相关的综述性文献，如 Glock（2012a）。

从以上研究现状可以看出，以往关于不完善质量条件下的生产－库存联合优化模型对缺陷品的处理普遍采用 Salameh 和 Jaber（2000）所提出的假设，即分销商在整个质量检验过程中所甄别出来的缺陷品都累积成一个批次在检验结束后全部报废。然而并没有考虑一些其他的可能性：如从分销商对缺陷品的处理上，一方面，在实际中受分销商的缺陷品库存空间不足、缺陷品库存成本过高等因素的影响，分销商在质量检验过程中的缺陷品不能够全部等到检验过程结束后才进行处理，而是在整个质量检验过程中进行多次处理，也即缺陷品的分批处理；另一方面，不是所有的缺陷品都必须报废，部分缺陷品可能只有很少的缺陷而且不影响其可用性和价值，可以将这些可被顾客接受的缺陷品像完美质量产品那样销售给顾客。再如，以往的文献没有考虑制造商向分销商进行质量信息分享的情形，都是假定制造商的质量水平是分销商已知的。从这些角度来看，无论是从制造商、分销商还是联合系统的角度来看，不完善质量条件下的生产－库存联合优化模型还需要做进一步的研究。

2.3　考虑质量持续改进的生产－库存联合优化模型

持续改进（Continuous Improvement, Kaizen）作为一个管理概念，最早是由日本的今井正明在《改善：日本企业成功的奥秘》一书中提出来的。持续改善强调的是企业运营中每一个员工、每一道工序连续不断地改进，把持续改进作为企业永恒追求的目标。持续改进的关键因素是：质量、所有雇员的努力和介入、自愿改变和沟通。由于我们讨论的是不完善质量下的库存控制系统，因此这里我们只关注产品质量的持续改进。质量的持续改进是将产品的质量以及与质量相关的过程或工序看作一种永不终止、不断获得进步的过程。Bhuiyan 和 Baghel（2005）对持续改进目前的发展进行了综述，并阐述了持续改进中常用的工具和技术。

由于 JIT 生产通常用于重复生产一个接一个相同或类似的产品，而持续改进可以减少产品质量的变异，从而降低大批量质量检验的必要性，因此质量的持续改进是JIT生产理念的要求之一。反过来，JIT强调的是"零库存"的管理思想，而库存水平的不断降低可以让质量问题迅速曝光，从而为质量的持续改进提供依据。另外，持续改进也是全面质量管理（TQM）的指导思想之一，全面质量管理的工具之一PDCA环［计划（Plan）—执行（Do）—检查（Check）—处理（Act）］正是质量持续改进的表现。如图2-1所示，PDCA环体现了持续改进过程的顺序性和连续性，把持续改进看作一个周而复始的螺旋上升的过程。每完成一次PDCA环，质量就获得一次提高，产品也就会朝着"零缺陷"的目标前进，因此质量的改进不是一蹴而就，而是多个阶段、多次投入的过程。因此在质量持续改进这个意义上，JIT和TQM无论在理论上还是实践中都是紧密地结合在一起的。

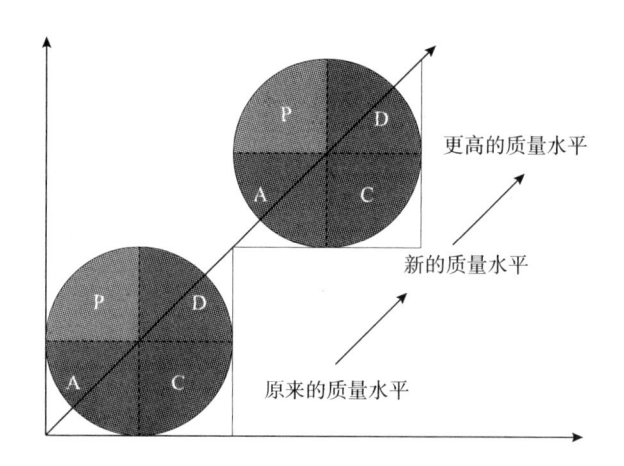

图2-1 质量管理的PDCA循环过程

要进行质量的持续改进，就要推动PDCA环往前进发，而要推动PDCA环的进发就必须依靠企业对质量改进的资金投入。在库存控制/库存管理中考虑质量改进的资金投入的文献很多，大多采用Porteus（1986）所提出的对数形式的质量改进函数。Porteus在EOQ模型中考虑了质量改进和生产准备成本压缩的投入，分析了三种质量改进投入与批量之间的关系。紧接着，Keller和Noori（1988）对Porteus（1986）的模型进行拓展，考虑了提前期的需求是概率的情况，并分析了两种特殊的需求概率分布。Hong和Hayya（1995）在有限投入资金的约束下考虑 EOQ 模型的质量改进和生产准备成本压缩与批量的关系,通过权衡质量改进和生产准备成本压缩得到对两者的最优资金投入分配。稍后,Hong(1997)在 EOQ 模型中考虑生产周期、采购计划以及对生产准备成本减少和过程质量改进的联合投资计划。Ouyang 和 Chang(2000a)在可变动提前期和部分延期交货的条件下,研究了质量改进在改进 EOQ 模型中的影响,模型中包括不完善的生产过程和对过程质量改进的资金投入。他们在此模型中分析了需求正态分布和任意分布的两种情况。Ouyang 和 Chang(2000b)在订货批量模型中讨论了质量改进对再订货点的影响。Ouyang 等(2002)在 Ouyang 和 Chang(2000a)的基础上进行了相关的拓展,同时考虑对过程质量改进和生产准备成本压缩的资金投入的情况。Chang(2003)考虑了具有质量改进投入的 EOQ 模型,其中对质量改进的投入资金具有模糊的机会损失成本。Hou 和 Lin(2004)在允许对过程质量改进的资金投入条件下考虑非完美生产过程对最优生产周期的影响。以上文献虽然都考虑了质量改进的资金投入情况,但是都只局限于单个企业的 EOQ 模型的库存决策,而没有考虑双层供应链以及多层供应链中质量改进投入的库存模型。关于经济批量模型中考虑质量改进和生产准备成本压缩的综述可以参考 Moon(1994)。

  无论是 JIT 思想还是 TQM 思想,其实施都需要与供应商进行紧密的合作。在 JIT 生产和 JIT 采购中,为了做到在即时供应(即小批量多批次的供应)的同时还能保证产品的质量,采购商就必须将 JIT 的理念延伸到供应商,这就需要在决策中考虑供应商的利益,令整个供应链的成本最小,也即生产-库存联合优化模型的思想;在 TQM 中,分销商要保证产品质量,靠的不是事后检查而是与供应商紧密合作,在设计和生产过程中控制质量。当供应商通过质量的持续改善保证了其所生产的产品都是高质量时,就不需要有额外的库存存在,甚至对供应商所供应产品的验收程序都可以取消。因此,在生产-库存联合优化模型中考虑质量改进/质量持续改进的资金投入问题就很有现实意义。

  Affisco 等(2002)首先在单制造商单分销商的联合经济批量模型中考虑质量改进和生产准备成本压缩的资金投入问题,在其模型目标中考虑最优的质量改进投入、生产批量和运输批量。Liu 和 Cetinkaya（2007）对 Affisco 等（2002）的模型进行了修改，提供了另一种质量改进投入函数。Yang 和 Pan（2004）比较了在 JIT 采购中具有质量改进投入和没有质量改进投入下的联合库存模型，在其模型中还同时考虑了变动提前期和质量改进资金投入两个因素对联合系统总成本的影响。Ouyang 等（2007）在 Yang 和 Pan（2004）的基础上考虑允许缺货的情况，并将再订货点（Reorder Point）作为模型的决策变量。因此在其模型中，需要同时优化订货量、再订货点、质量水平和提前期等多个决策变量。在前面的文献中，考虑质量改进的资金投入问题都是假设资金投入是一次性的，即质量是由一个质量水平跳跃到另外一个质量水平，这与 TQM 中的持续质量改进的理念是不相符的，因此最近越来越多文献开始在不完善质量的生产－库存联合优化模型中考虑质量的持续改进以及其持续改进的资金投入问题。Yoo 等（2012）在闭环供应链中考虑不完善质量的库存模型，考虑了缺陷品的不同处理策略（如返工、紧急维修和废品处理）以及顾客对缺陷品的处理选择（如换货和退货）。由于缺陷品的处理成本会大大影响系统的总成本，因此制造商会从内部的预防成本和外部的逆向物流成本两个方面来降低质量成本。在其模型中，还比较了质量改进投入中的一次性改进投入和在资金约束条件下连续投入两种情况。另外 Ouyang 等（2013）在不完善质量的生产－库存联合优化模型中考虑对缺陷品的不同检验策略以及制造商和分销商对质量改进投入成本的分担问题，其模型检验了在质量改进投入有资金约束的条件下，不同检验策略中如何确定最优的质量水平。Shu 和 Zhou（2014）在单制造商单分销商组成的生产－库存联合优化模型中考虑了免费维修保证（Free Minimal Repair Warranty）策略，并分析了生产准备费用减少和过程质量改进的联合投资对生产－库存系统中制造商的生产决策和分销商的订货决策的影响。

从以上研究现状可以看出，以往关于不完善质量条件下的生产－库存联合优化模型都假定制造商的缺陷品率是相对固定的，而在现实中，制造商的缺陷品率可以通过质量改进投资来进行控制，因此也有部分文献在生产－库存联合优化模型中考虑质量改进投资的问题。虽然具有一定的研究意义，但是这些文献一般都是在没有质量改进资金约束的条件下进行的，而且都是研究一次性质量改进的情况，忽视了质量改进是一个多周期的、动态改进的过程，因此如何在生产－库存联合优化模型中考虑质量持续改进的问题还需要进一步的研究。

2.4 考虑质量信息分享的生产－库存联合优化模型

信息分享的概念来自供应链管理，而对供应链的研究主要侧重于供应链的整合和协调，从传统的以单个核心企业的利益最大化转向在使整个供应链中所有成员利益最大化的同时达到协调的目的。然而供应链中的成员都是各自独立的企业，都有自身要实现的目标，因此在供应链中，企业一般都会从自身利益最大化的目的出发。然而，有不少的研究指出，供应链成员间实施信息共享可以在保证企业自身利益的同时，令整个供应链的利益得到提升，达到供应链协调的目的。

在供应链中，需求信息、生产提前期、库存水平、生产及运送计划、质量信息和质量成本等都是供应链管理中的重要数据，而这些数据分布在供应链上的各个节点企业中。为了快速响应顾客的需求，每个企业中的这些私有信息就必须在供应链中实时准确地传递。但是目前大多数企业还没有做到这一点，其原因一是企业的信息系统没有集成起来；二是企业担心分享其私有信息会损坏其利益。而信息的不对称会在很大程度上导致企业生产和订货批量决策的盲目性，而且越往供应链的上游，投入的批量越大，即理论上的"需求放大效应"，从而导致了"牛鞭效应"。因此，在供应链的协调中需要对私有信息的持有企业进行激励。目前，对企业信息分享的激励方式有收益分享、质量补偿、质量成本分担、质量风险分担等。

根据本书所考虑的问题，这里我们只关注于质量信息的分享（Quality Information Sharing）。目前对于供应链中企业间质量信息分享的研究还不多，其侧重点在于通过质量信息的分享来进行供应源头（Quality - At - Source）

的质量控制和质量改进，而非进行事后的抽检。Lim（2001）分析了在非对称信息环境下，如何设计一个契约使得信息可以作为一个质量控制工具。他考虑当一个制造商向供应商进行零件采购时，供应商比制造商具有更多关于零件质量的信息，并由此讨论了两种质量补偿策略：当选择退货（Rebate）策略时，所产生的质量成本由供应商单独承担；当选择的是保修（Warranty）策略时，所产生的质量成本由供应商与制造商共同承担。Li等（2008）探讨了美国制造企业中全面质量管理（TQM）、信息系统（ERP）和运作表现之间的关系，并总结出TQM对ERP系统成功实施的价值。Wu等（2011）研究当一个采购商向两个不确定质量的供应商采购同一种产品时，由于供应商随机质量的问题导致采购商所接收的完美质量产品不足以满足顾客的需求而导致紧急订货。在此情况下，采购商会根据供应商是否进行质量信息的分享来确定其需要向哪个供应商紧急订货。他们分析了如何构建激励措施去激励供应商进行质量信息的分享。张翠华和孙莉莉（2012）研究了在三层供应链中制造商的两种质量信息披露策略，包括制造商直接将质量信息披露给消费者的直接披露方式和制造商通过分销商将质量信息披露给消费者的间接披露方式。通过采用三阶段的逆向分析方法，作者得出了在双零售商情况下制造商的最优质量信息披露策略。朱立龙和尤建新（2011）使用博弈论和委托代理理论分析了非对称信息条件下供应链中企业之间质量信息的传递问题，探讨了生产过程投资水平和质量预防投入水平在质量决策控制模型中的作用。紧接着，朱立龙等（2013）分析两级供应链中的产品质量控制模型，考虑了生产商与购买商的道德风险问题。其中，生产商会夸大在改进生产过程中的投资水平，而购买商会夸大产品的缺陷率。为了降低这些道德风险，购买商会通过支付"信息租金"来对生产商进行激励，鼓励其真实地分享其生产过程的改进投入水平。Ma等（2013a）研究了需求是质量和市场努力函数下的两层供应链中的均衡行为：制造商的斯塔克博（Stackelberg）均衡、分销商的斯塔克博（Stackelberg）均衡、制造商与分销商的纳什（Nash）均衡。紧接着，Ma等（2013b）讨论了单制造商单分销商组成的两层供应链中需求依赖于分销商销售努力和制造商质量改进努力的情况。他们指出质量努力成本分享模型中的关税（Two-part Tariff）不能有效地协调其提出的两层供应链模型，为此，他们提出一种创新的供应链契约得到最优分销商销售努力水平、最优质量改进努力水平和最优供应链利润。

从以上研究现状可以看出，以往在供应链中考虑信息分享或者质量信息分享都是采用委托-代理理论来进行研究，没有从库存控制的角度进行考虑。而在库存模型中考虑质量信息的分享能够了解质量信息分享策略对企业运营决策的影响，为企业制定相关质量信息分享策略提供依据。而这方面的研究目前很缺乏，因此，如何在生产-库存联合优化模型中考虑质量信息分享还需要做进一步的研究。

2.5 本章小结

从国内外研究文献可以看出，国内外对考虑质量不完善的生产-库存研究已经有相当成果，但是这些研究仍有扩展的空间，如绪论中所提的几个问题都是目前文献尚未开展的领域。因此接下来，本书将开展如下几个方面的研究以弥补现有文献的不足：①考虑缺陷品分批处理的生产-库存联合优化模型；②考虑"可接受的缺陷品"的生产-库存联合优化模型；③考虑质量持续改进的生产-库存联合优化模型；④考虑质量信息分享的生产-库存联合优化模型。通过这四个模型，我们探讨不同的缺陷品处理方法对生产-库存决策的影响，以为企业管理者提供决策参考。

第 3 章　考虑缺陷品分批处理的生产–库存联合优化模型

3.1　引　言

经济订货批量 EOQ 模型自从 Harris 于 1913 年提出后引起了众多学者和企业管理者的注意。EOQ 模型可以归纳为一个通过确定订货量（或生产量）来平衡或权衡订货成本和库存成本的过程。即使已经被广泛接受和使用，经典的 EOQ 模型还是由于其过于理想化的假设条件而限制了其实际价值。这些假设包括顾客的需求是稳定而且是确定的、供应商所供应的产品都是完美质量的、采购商的订购决策及其库存水平不受其供应商决策和库存水平的影响。许多学者都尝试放宽 EOQ 模型中的一些假设来建立更加贴近实际应用的库存模型。将采购商放在供应链中，从供应链管理的角度来分析采购商与制造商（供应商）间联合的订货补充和库存决策是 EOQ 模型的一个重要拓展。

生产–库存模型（Integrated Production–Inventory Model）是 Goyal（1977）和 Banerjee（1986）提出的，其思想是从供应链的角度将买卖双方（制造商作为卖方、分销商作为买方）看作一个整体，通过制造商的生产决策、分销商的订货决策、双方的库存决策使两者构成的供应链整体成本最小化和利益最大化。在 JIT 生产和 JIT 采购中，制造商为了以最小的总成本满足分销商的需求，采用的是小批量、多批次的供货策略，许多学者对联合库存中制造商用于满足分销商需求的供货策略进行了深入的研究，如 Goyal（1988）、Lu（1995）、Goyal（1995）等讨论的等量运输方式；Hill（1997）、Hill（1999）、Goyal 和 Nebebe（2000）、Hoque 和 Goyal（2000）、Zhou 和 Wang（2007）等讨论的非等量（或不等量）运输方式。

无论是 Harris（1913）提出的 EOQ 模型还是 Goyal（1977）提出的联合决策生产-库存模型都基于一个基本的假设，那就是假设供货企业所生产的产品都是100%质量合格的（也即完美质量的）。而在实际生产中，企业的生产过程往往受到生产机器的故障、生产环境的变动等随机因素的影响而导致产品包含有部分缺陷品。因此，在 EOQ 或生产-库存联合优化模型中考虑缺陷品的存在就显得十分重要。Salameh 和 Jaber（2000）提出了一个有质量检验过程的 EOQ 模型，考虑订购的批量产品包含一定的缺陷品，缺陷率是已知分布的随机量。企业通过100%的质量检验策略来甄别这些缺陷品，而从整个批量甄别出来的缺陷品将累积到检验过程完成后整批折价出售给次级市场。这个模型开启了在库存模型中考虑订购批量产品质量问题方面的研究。Huang（2004）在 Salameh 和 Jaber（2000）模型的基础上考虑由一个制造商和一个分销商组成的生产-库存联合优化模型中，制造商因其生产过程的不完善导致其供给分销商的每个批次产品中都存在一定比例的缺陷品的情况。其中，分销商向制造商进行批量采购，制造商通过 JIT 式的小批量、多批次供货方式来满足分销商的需要。为了简化模型，他们采用 Goyal（1988）所提出的等量运输的供货策略。但无论是 Salameh 和 Jaber（2000）所考虑的具有缺陷品存在的 EOQ 模型还是 Huang（2004）所考虑的存在缺陷品的生产-库存联合优化模型都存在一个普遍问题，那就是买方的质量检验过程甄别出来的缺陷品都存放在仓库，累积到检验过程结束后才进行一批次处理（缺陷品的处理方式包括折价出售、报废或直接丢弃）。目前对缺陷品处理频率的研究主要包括缺陷品的一批次处理和缺陷品的多批次处理，即一个运送批量中所甄别出来的缺陷品做一个批次或在甄别过程中将缺陷品做多个批次的处理。由于企业中缺陷品的库存空间十分有限，而缺陷品的累积会造成缺陷品存储成本的增加，因此缺陷品处理次数的增加一方面会减少一个运送批量中缺陷品所带来的存储成本；另一方面又会增加缺陷品的处理成本，因此如何权衡缺陷品的处理次数来使生产－库存联合优化模型的总成本最优就成了一个重要的研究问题。

在本章中，我们在包含缺陷品的生产－库存联合优化模型中考虑每一批次缺陷品的分批处理情况。将每一批次的缺陷品进行分批处理，一方面是能够减少缺陷品的存储成本；另一方面是可能因能力限制，在检验过程结束时缺陷品未必能够一次处理掉。但是对缺陷品的分批处理也会增加缺陷品的处理成本，因此如何权衡缺陷品的存储成本和缺陷品的处理成本就成了我们所要解决的问题。在这里，当制造商向分销商进行等量运输的供货时，我们通过确定最优的订货决策、生产决策以及缺陷品的分批处理次数等决策变量来对联合系统的总成本进行优化，并证明了在什么条件下进行缺陷品的分批处理要比缺陷品的一批次处理更节约成本以及最优生产－库存成本下的缺陷品的最优分批处理次数。

3.2 符号说明与模型假设

在本章的模型中，考虑了制造商的生产过程不完善导致了每次对分销商的供货都包含有一定数量缺陷品的情况。为了确保不会将缺陷品供应给消费者，分销商对制造商的每次供货进行全数检验（即 100% 检验策略）来控制质量，通过检查的完美质量产品用于满足顾客需求，而甄别出来的缺陷品就临时存放在质量检查站旁。当存放的缺陷品达到一定数量时就进行一次报废处理，也即在整个检验过程中，进行多次的缺陷品报废处理来降低缺陷品库存成本，其模型结构如图 3－1 所示。

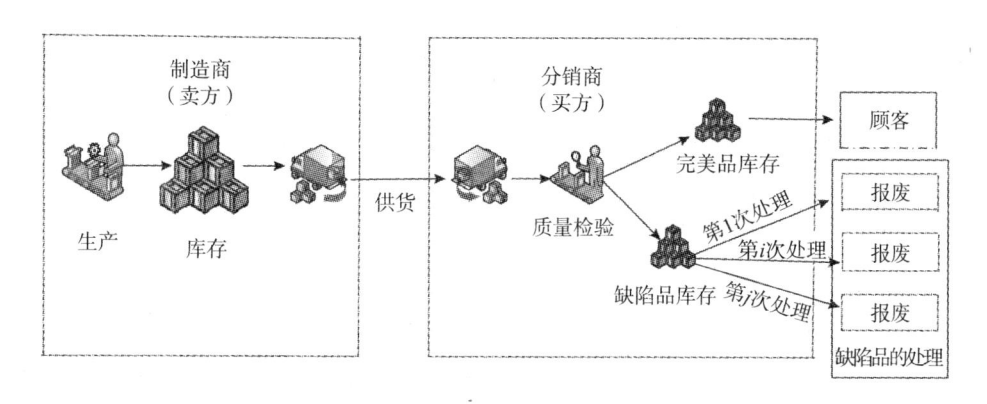

图 3－1 本章的模型结构

3.2.1 符号说明

为了方便模型的建立，我们给出如下的符号和假设。

q：制造商每次向分销商的供货量（决策变量）。

n：一个生产周期内制造商向分销商的供货次数（决策变量）。

Q：一个周期内分销商的每次订货量，$Q = nq$。

T：连续两次供货的时间间隔。

TC：一个周期的长度，$TC = nT$。

d：单位时间内分销商所面临的需求，即需求率。

p：制造商的生产率，假设 $p > d$。

h_m：制造商的单位库存成本。

h_{r1}：分销商中完美品的单位库存成本。

h_{r2}：分销商中缺陷品的单位库存成本。

c_s：制造商每次生产的生产准备费用。

c_o：分销商每次订购的订货费用。

c_w：制造商对每个缺陷品的保证（承诺）费用。

c_k：产品的单位质量检验成本。

c_f：每次供货的运输成本。

k：质量检验过程的速率。

γ：每次供货中的缺陷品率。

$f(\gamma)$：缺陷品率的概率密度函数。

λ：生产率与需求率的比率，$\lambda = p/d$。

c_h：缺陷品分批处理中每次处理的费用。

j：缺陷品分批处理的次数，$j \geq 1$（决策变量）。

τ：每次供货中质量检验的时间。

3.2.2 模型假设

（1）考虑的是单个制造商和单个分销商组成的两层供应链系统，单一产品的情形。

（2）需求率与生产率都是已知且是确定的常量。

（3）每个周期内，制造商的生产总量平分为 n 次运送给分销商。

（4）制造商的生产过程是不完善的，因此每一次供货中包含比例为 γ 的缺陷品。

（5）对于制造商的每一次供货，分销商都采取100%的质量检验策略来甄别供货批次中的缺陷品，并将所有甄别出来的缺陷品按报废处理。

（6）在质量检验过程中，完美质量产品的数量大于或等于需求。

（7）在分销商的质量检验过程中发现的缺陷品将暂存在检查站旁，累积到一定的数量就会加以处理，也即对每次供货中的缺陷品做分批处理，这样在分销商的质量检验过程中，每隔一段时间就将甄别出来的缺陷品进行一次报废。

（8）制造商只有在分销商消耗完上一次供货量时才进行下一次供货。

（9）不允许缺货。

3.3 模型建立

考虑由一个制造商和一个分销商所组成的两阶段供应链，为了满足顾客的需求，分销商在每个订货周期开始时向制造商订购 Q 单位的产品。在 JIT 生产和采购思想的指导下，制造商将其生产的产品总量 Q 分为 n 次运送给分销商且假设每次运送量都是相等的，其数量为 $q = Q/n$，而且制造商向分销商供货的时间刚好是分销商库存为零的时候。连续两次供货的时间间隔假设为 T。在制造商每次供货到达的时候，分销商通过 100% 的质量检验过程对产品进行甄别：完美质量产品可以直接用于满足顾客的需求；缺陷品则在检验过程中不断累积，并进行多次的报废处理，每次的报废处理成本为 c_h。质量检验过程需要分销商为每个产品支付单位检验成本 c_k，而制造商需对检验出来的每个缺陷品支付质量保证费用 c_w。通过将制造商和分销商联合起来考虑，模型的目标就是通过生产、库存以及缺陷处理等决策来使得供应链整体的总成本最小化。这里的总成本包括：①制造商的生产准备成本、质量保证成本和库存成本；②分销商的订货成本、质量检验成本、库存成本以及缺陷品的处理成本。下面我们来分析在一个订货周期内制造商以及分销商发生的各项成本。

3.3.1 制造商的平均总成本

制造商的库存变化如图 3-2 所示，图 3-2 上方是制造商的库存变化图，在生产阶段（时间为 Q/p），制造商的库存不断增加，每隔一段时间 T 制造商向分销商供货一次，每次供货的运输量为 q，则库存会下降 q 个单位，因此在制造商的生产阶段，其库存变化呈锯齿状。当制造商生产完分销商的所有订货后，其库存变化就进入纯消耗阶段，每隔时间 T，库存就减少 q 个单位，因此呈阶梯下降的形状。而图 3-2 下方是制造商的库存累积图，在生产阶段制造商的库存总共累积到 Q，而这一过程中因为每隔时间 T 要运输 q 个单位，因此在一个订货周期内总的运输累积量为图中阴影部分，所以要计算制造商的总库存成本，只需要用制造商的总累积库存水平减去总的运输累积量。采用 Huang (2004) 模型中的计算方法，制造商的平均总库存水平为（□$ABED$ - △ABC - 阴影显示的区域）/(nT)，则制造商的平均总库存成本为

$$IC_m = \frac{h_m\left\{\left[nq\left(\frac{q}{p}+(n-1)T\right)-\frac{nq(nq/p)}{2}\right]-T[q+2q+\cdots+(n-1)q]\right\}}{nT}$$

$$= h_m\left\{\frac{q}{2}+\frac{(n-2)q}{2}\left[1-\frac{d}{(1-\gamma)p}\right]\right\} \qquad (3-1)$$

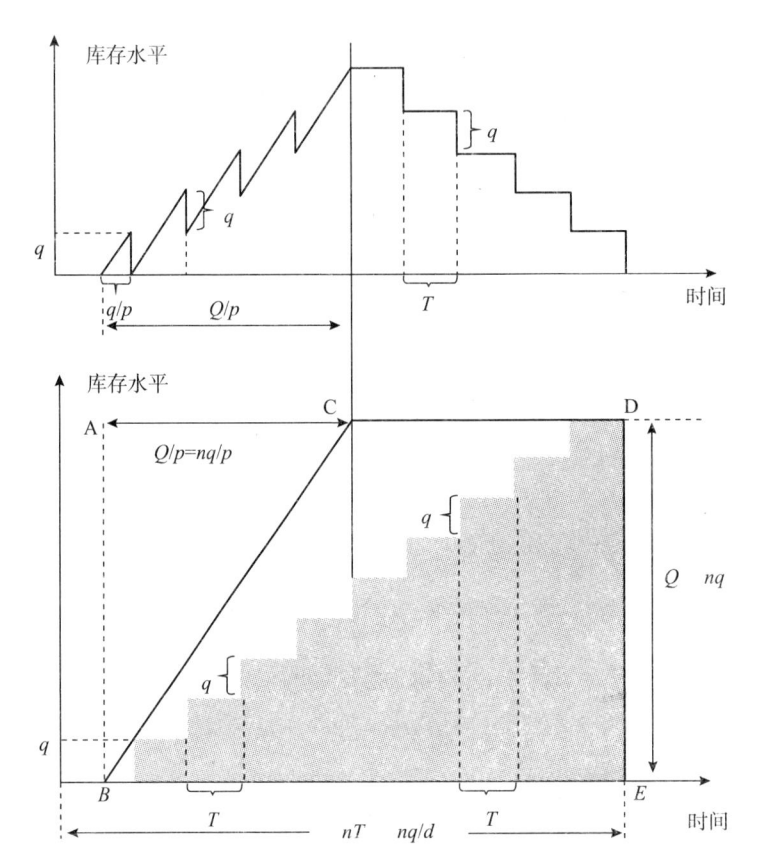

图3-2 制造商的库存变化和累积图

因此，在一个订货周期内，制造商的平均总成本（包括生产准备成本、质量保证成本、库存成本）为

$$TC_m = \frac{c_s}{nT}+\frac{c_w\gamma Q}{nT}+IC_m$$

$$= \frac{c_s d}{n(1-\gamma)q}+\frac{c_w\gamma d}{1-\gamma}+h_m\left\{\frac{q}{2}+\frac{(n-2)q}{2}\left[1-\frac{d}{(1-\gamma)p}\right]\right\} \quad (3-2)$$

3.3.2 分销商的平均总成本

在以往关于联合生产-库存模型的研究中，分销商对接收的每一批次产品中的缺陷往往只进行一次处理，并且没有考虑过缺陷品的处理成本。为了分析对每一批次产品中缺陷品一次处理和分批处理的区别，这里首先对缺陷品的一次处理和两次处理进行阐述。此时分销商的库存变化如图3-3所示，由此得到缺陷品分批处理的动机，然后将对缺陷品的分批处理推向更一般性的情况，即分批次数是不确定的情况，此时缺陷品分批处理的行为如图3-4所示。

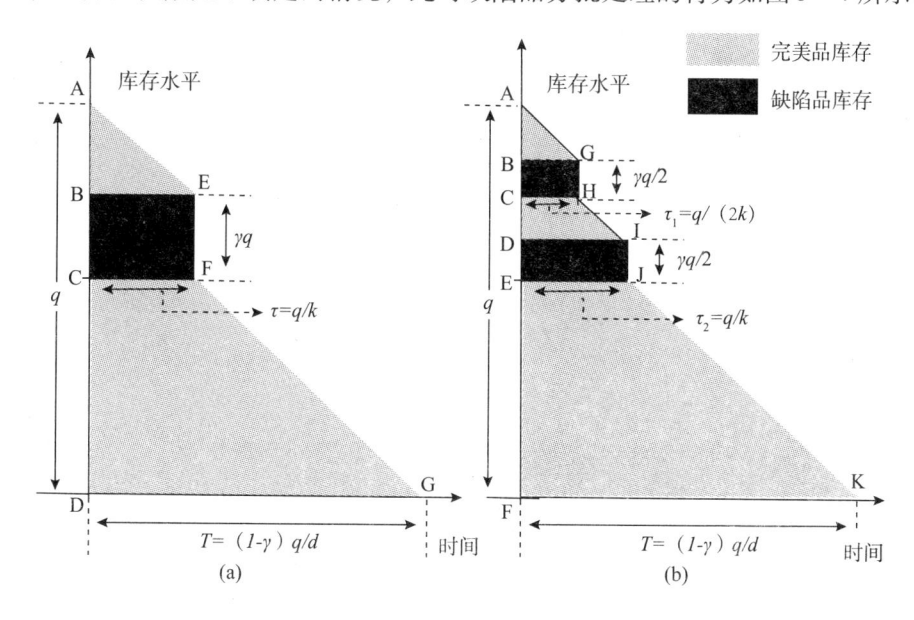

图3-3 分销商的库存水平变化

情况一：一次供货的缺陷品做一次处理

此时，分销商的库存变化如图3-3（a）所示，制造商向分销商每次供货的供货量为 q，分销商在接到制造商的供货后进行质量检验，检验时间为 $\tau = q/k$。因为在检验过程中顾客需求依然存在，所以在此过程中分销商的库存会平稳下降，即图中 AE 段，库存的下降量为 AB 段。当检验结束后，即在时间 $t = q/k$ 时对甄别出来的缺陷品进行处理，此时库存会直接减少 γq 的量，即图中 EF 段，后面分销商用剩余的完美质量产品满足顾客的需求直到一次供货的库存量消

耗完,即图中 FG 段。因此,一个订货周期内分销商的平均库存成本为

$$IC_r^{(1)} = \left[\frac{h_{r1}qT(1-\gamma)}{2} + \frac{h_{r2}\gamma q^2}{k}\right]\bigg/ T = \frac{h_{r1}q(1-\gamma)}{2} + \frac{h_{r2}\gamma qd}{k(1-\gamma)} \quad (3-3)$$

进一步,考虑一个订货周期内分销商的订货成本 $c_o d/[(1-\gamma)nq]$、运输成本 $c_f d/[(1-\gamma)q]$、质量检验成本 $c_k d/(1-\gamma)$ 以及缺陷品的处理成本 $c_h d/[(1-\gamma)q]$,就可以得到分销商的平均总成本为

$$TC_r^{(1)} = \frac{c_o d}{(1-\gamma)nq} + \frac{c_f d}{(1-\gamma)q} + \frac{c_k d}{1-\gamma} + \frac{c_h d}{(1-\gamma)q}$$

$$+ \frac{h_{r1}(1-\gamma)q}{2} + \frac{h_{r2}\gamma qd}{k(1-\gamma)} \quad (3-4)$$

此时,在缺陷品一次处理情况下,生产-库存系统的平均总成本(制造商的平均总成本+分销商的平均总成本)为

$$ATC^{(1)} = TC_m + TC_r^{(1)} = \frac{(c_o + c_s + nc_f)d}{(1-\gamma)nq} + \frac{(c_k + c_w\gamma)d}{1-\gamma} + \frac{c_h d}{(1-\gamma)q}$$

$$+ h_m\left\{\frac{q}{2} + \frac{(n-2)q}{2}\left[1 - \frac{d}{(1-\gamma)p}\right]\right\} + \frac{h_{r1}(1-\gamma)q}{2} + \frac{h_{r2}\gamma qd}{k(1-\gamma)}$$

$$(3-5)$$

情况二:一次供货的缺陷品分两批处理

在这种情况下,一次供货中分销商的库存变化如图 3-3(b)所示,一次供货的缺陷品平均分为两批进行处理。第一个处理批次的数量为 $\gamma q/2$,进行报废处理的时间为 $q/(2k)$;第二个处理批次的数量也为 $\gamma q/2$,但是进行报废处理的时间为 q/k。因此在这种情况下,缺陷品的库存成本为

$$I_r^{(2)} = \frac{q}{2k} \times \frac{\gamma q}{2} + \frac{q}{k} \times \frac{\gamma q}{2} = \frac{3\gamma q^2}{4k} \quad (3-6)$$

由此,得到分销商的平均库存成本为

$$IC_r^{(2)} = \left[\frac{h_{r1}qT(1-\gamma)}{2} + \frac{3h_{r2}\gamma q^2}{4k}\right]\bigg/ T = \frac{h_{r1}q(1-\gamma)}{2} + \frac{3h_{r2}\gamma qd}{4k(1-\gamma)} \quad (3-7)$$

考虑一个订货周期内分销商的订货成本 $c_o d/[(1-\gamma)nq]$、运输成本 $c_f d/[(1-\gamma)q]$、质量检验成本 $c_k d/(1-\gamma)$ 以及缺陷品的两批处理成本

$2c_h d/[(1-\gamma)q]$,就可以得到如下的分销商的平均总成本:

$$TC_r^{(2)} = \frac{c_0 d}{(1-\gamma)nq} + \frac{c_f d}{(1-\gamma)q} + \frac{c_k d}{1-\gamma} + \frac{2c_k d}{(1-\gamma)q} + IC_r^{(2)}$$

$$= \frac{c_0 d}{(1-\gamma)nq} + \frac{c_f d}{(1-\gamma)q} + \frac{c_k d}{1-\gamma} + \frac{2c_h d}{(1-\gamma)q} + \frac{h_{r1}q(1-\gamma)}{2} + \frac{3h_{r2}\gamma qd}{4k(1-\gamma)}$$

与式(3-5)相似,可以得到缺陷品进行两批处理时的生产-库存系统的平均总成本为

$$ATC^{(2)} = TC_m + TC_r^{(2)}$$

$$= \frac{(c_o + c_s + nc_f)d}{(1-\gamma)nq} + \frac{(c_k + c_w\gamma)d}{1-\gamma} + \frac{2c_h d}{(1-\gamma)q} + \frac{h_{r1}(1-\gamma)q}{2}$$

$$+ h_m \left\{ \frac{q}{2} + \frac{(n-2)q}{2} \left[1 - \frac{d}{(1-\gamma)p} \right] \right\} + \frac{3h_{r2}\gamma qd}{4k(1-\gamma)} \qquad (3-8)$$

需要指出的是,当一次供货中缺陷品做两批处理时,相对于缺陷品的一次处理,其节约的平均总成本为

$$CS = ATC^{(1)} - ATC^{(2)} = \frac{h_{r2}\gamma qd}{4k(1-\gamma)} - \frac{c_h d}{(1-\gamma)q} \qquad (3-9)$$

从式(3-9)我们可以知道,当对缺陷品做两批处理时,可以减少的缺陷品库存成本为 $h_{r2}\gamma qd/[4k(1-\gamma)]$,但是同时会增加缺陷品的处理成本 $c_h d/[(1-\gamma)q]$。因此,一次供货中缺陷品的分批处理决策就是要权衡分批处理所减少的缺陷品库存成本和所增加的处理成本。

情况三:一次供货的缺陷品分 j 批处理

假设分销商每次对缺陷品的处理能力为 G,则一次供货中缺陷品的处理批次为 $j = \gamma q/G$。在此情况下,一次供货中甄别出来的缺陷品平分为 j 批进行处理,其缺陷品的变化过程如图3-4所示,即每次供货中所有的缺陷品分为 j 等份进行 j 批处理,则每批处理的缺陷品数量为 $\gamma q/j$。

从图3-4中我们可以看到每一次供货中的所有缺陷品平分为 j 批处理,每一批待处理缺陷品的数量为 $\gamma q/j$。在质量检验周期 τ 内,我们发现如下的规律:

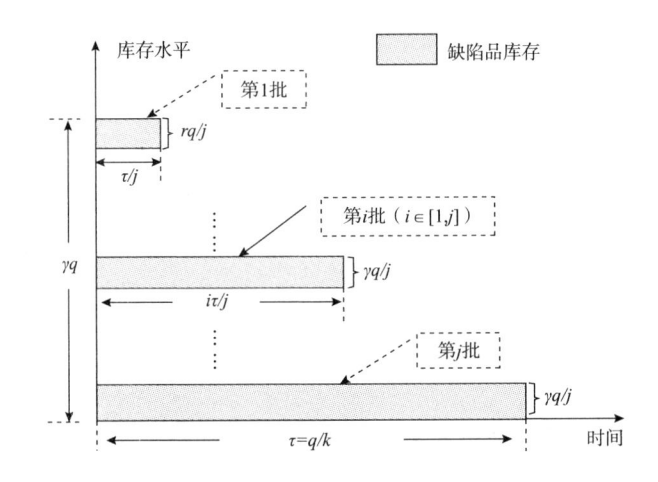

图 3-4 缺陷品分批处理示意

第 1 次处理所涉及的缺陷品总库存为：$I_1^* = (\tau/j) \times (\gamma q/j)$；

第 i 次处理所涉及的缺陷品总库存为：$I_i^* = (i\tau/j) \times (\gamma q/j)$；

第 j 次处理所涉及的缺陷品总库存为：$I_j^* = \tau \times (\gamma q/j)$。

因此，在此情况下，一次供货所涉及的缺陷品的库存成本为

$$IC_{r2}^{(3)} = h_{r2}\left(\frac{\tau}{j} \times \frac{\gamma q}{j} + \cdots + \frac{i\tau}{j} \times \frac{\gamma q}{j} + \cdots + \tau \times \frac{\gamma q}{j}\right) = \frac{h_{r2}(j+1)\gamma q^2}{2jk} \quad (3-10)$$

再考虑一次供货中完美质量产品的库存成本为

$$IC_{r1}^{(3)} = \frac{h_{r1}q(1-\gamma)T}{2} = \frac{h_{r1}(1-\gamma)^2 q^2}{2d} \quad (3-11)$$

则可以得到分销商的平均总库存成本为

$$IC_r^{(3)} = (IC_{r1}^{(3)} + IC_{r2}^{(3)})/T = \frac{h_{r1}q(1-\gamma)}{2} + \frac{h_{r2}(j+1)\gamma qd}{2jk(1-\gamma)} \quad (3-12)$$

考虑一个订货周期内分销商的订货成本 $c_0 d/[(1-\gamma)nq]$、运输成本 $c_f d/[(1-\gamma)q]$、质量检验成本 $c_k d/(1-\gamma)$ 以及缺陷品的批处理成本 $jc_h d/[(1-\gamma)q]$，就可以得到如下的分销商的平均总成本：

$$TC_r^{(3)} = \frac{c_0 d}{(1-\gamma)nq} + \frac{c_f d}{(1-\gamma)q} + \frac{c_k d}{1-\gamma} + \frac{jc_h d}{(1-\gamma)q} + IC_r^{(3)}$$

$$= \frac{c_0 d}{(1-\gamma)nq} + \frac{c_f d}{(1-\gamma)q} + \frac{c_k d}{1-\gamma} + \frac{jc_h d}{(1-\gamma)q} + \frac{h_{r1}q(1-\gamma)}{2} + \frac{h_{r2}(j+1)rqd}{2jk(1-\gamma)}$$

由此，我们可以得到在此情况下生产－库存系统的平均总成本为

$$ATC^{(3)} = TC_m + TC_r^{(3)}$$

$$= \frac{(c_o + c_s + nc_f)\,d}{(1-\gamma)\,nq} + \frac{(c_k + c_w\gamma)\,d}{1-\gamma} + \frac{jc_h d}{(1-\gamma)\,q} + \frac{h_{r1}\,(1-\gamma)\,q}{2}$$

$$+ h_m\left\{\frac{q}{2} + \frac{(n-2)\,q}{2}\left[1 - \frac{d}{(1-\gamma)\,p}\right]\right\} + \frac{h_{r2}\,(j+1)\,\gamma q d}{2jk\,(1-\gamma)} \quad (3-13)$$

性质 3.1：当 $j = h_{r2}\gamma q^2/(2kc_h)$ 时，缺陷品的分批处理次数不会影响生产－库存系统的平均总成本。

证明：将一次供货中缺陷品的一次处理和 j 批处理进行比较，分批处理节约的平均总成本为

$$CR = ATC^{(1)} - ATC^{(3)} = \frac{h_{r2}(j-1)\gamma qd}{2kj(1-\gamma)} - \frac{(j-1)c_h d}{(1-\gamma)q} \quad (3-14)$$

要使得缺陷品的分批处理不影响生产－库存系统的平均总成本，则需要令 $CR = 0$，也即是 $j = h_{r2}\gamma q^2/(2kc_h)$。

从性质 3.1 我们可以知道，当 $j < h_{r2}\gamma q^2/(2kc_h)$ 且 $j > 1$ 时，从生产－库存平均总成本的角度来看，缺陷品进行分批处理比一次处理要好。通过一些运算，式 (3-13) 可简化为

$$ATC^{(3)} = \frac{d}{1-\gamma}\left[\frac{(c_o + c_s + nc_f + njc_h)}{nq} - \frac{h_m(n-2)q}{2p} + \frac{h_{r2}(j+1)q}{2jk} + c_k + c_w\right]$$

$$+ \frac{h_m(n-1)q}{2} + \frac{h_{r1}(1-\gamma)q}{2} - \frac{h_{r2}(j+1)qd}{2jk} - c_w d \quad (3-15)$$

由于缺陷率 γ 被设定为已知概率密度函数的随机量，这里将对其求期望值，则生产－库存系统平均总成本的期望值为

$$ETC^{(3)} = Md\left[\frac{(c_o + c_s + nc_f + njc_h)}{nq} - \frac{h_m(n-2)q}{2p} + \frac{h_{r2}(j+1)q}{2jk} + c_k + c_w\right]$$

$$+ \frac{h_m(n-1)q}{2} + \frac{h_{r1}q}{2M} - \frac{h_{r2}(j+1)qd}{2jk} - c_w d \quad (3-16)$$

式中：$M = 1/(1 - E[\gamma])$；$E[\gamma]$ 为缺陷率 γ 的期望值。

值得指出的是，当 $j = 1, c_h = 0, h_{r1} = h_{r2} = h_r$ 时，式 (3-16) 将退化为

$$ETC^{(3)} = Md\left[\frac{(c_o + c_s + nc_f)}{nq} - \frac{h_m(n-2)q}{2p} + \frac{h_r q}{k} + c_k + c_w\right]$$

$$+ \frac{h_m(n-1)q}{2} + \frac{h_r q}{2M} - \frac{h_r qd}{k} - c_w d \qquad (3-17)$$

这也是 Huang（2004）的模型中所给出的生产-库存系统平均总成本的期望值。这表明，Huang（2004）所构造的模型是本节模型的一个特殊例子。本节模型是将 Huang（2004）的模型拓展到缺陷品分批处理的情形。

性质 3.2：给定 n 和 j，$ETC^{(3)}(n,q,j)$ 是关于 q 的凸函数。

证明：对式（3-16）进行整理可以得到

$$ETC^{(3)}(n,q,j) = \frac{1}{q}\left[\frac{(c_o + c_s + nc_f + njc_h)Md}{n}\right] + (c_k + c_w)Md - c_w d$$

$$+ q\left[\frac{h_{r2}(j+1)(M-1)d}{2jk} - \frac{h_m(n-2)Md}{2p} + \frac{h_m(n-1)}{2} + \frac{h_{r1}}{2M}\right]$$

$$(3-18)$$

因此，当给定 n 和 j 时，$ETC^{(3)}(n,q,j)$ 关于 q 的一阶和二阶偏导数分别为

$$\frac{\partial ETC^{(3)}(n,q,j)}{\partial q} = -\frac{1}{q^2}\Phi + \Omega \qquad (3-19)$$

$$\frac{\partial^2 ETC^{(3)}(n,q,j)}{\partial q^2} = \frac{2}{q^3}\Phi \qquad (3-20)$$

式中：$\Omega = h_{r2}(j+1)(M-1)d/(2jk) - h_m(n-2)Md/(2p) + h_m(n-1)/2 + h_{r1}/(2M)$；$\Phi = [(c_o + c_s + nc_f + njc_h)Md/n]$。

很显然，给定 n 和 j 后，$\partial ETC^{(3)}(n,q,j)/\partial q^2 > 0$，因此可以知道 $ETC^{(3)}(n,q,j)$ 是关于 q 的凸函数。

由性质 3.2 我们可以令 $ETC^{(3)}(n,q,j)$ 关于 q 的一阶条件为零，则最优的每次供货运输量 q^* 为

$$q^*(n,j) = \sqrt{\Phi/\Omega} \qquad (3-21)$$

性质 3.3：给定 n 和 q，$ETC^{(3)}(n,q,j)$ 是关于 j 的凸函数。

证明：对式（3-16）进行整理可以得到

$$ETC^{(3)}(n,q,j) = j\left(\frac{c_h M d}{q}\right) + \frac{1}{j}\left(\frac{h_{r2}(M-1)qd}{2k}\right) + \Pi \quad (3-22)$$

式中：$\Pi = Md\{(c_o + c_s + nc_f)/(nq) - [h_m(n-2)q]/(2p) + c_k + c_w\} + [h_{r2}(M-1)qd]/(2k) + [h_m(n-1)q]/2 + (h_{r1}q)/(2M) - c_w d$。

因此，当给定 n 和 q 时，$ETC^{(3)}(n,q,j)$ 关于 j 的一阶和二阶偏导数分别为

$$\frac{\partial ETC^{(3)}(n,q,j)}{\partial j} = \frac{c_h M d}{q} - \frac{1}{j^2}\left[\frac{h_{r2}(M-1)qd}{2k}\right] \quad (3-23)$$

$$\frac{\partial^2 ETC^{(3)}(n,q,j)}{\partial j^2} = \frac{2}{j^3}\left[\frac{h_{r2}(M-1)qd}{2k}\right] \quad (3-24)$$

很显然，给定 n 和 q 后，$\partial ETC^{(3)}(n,q,j)/\partial j^2 > 0$，因此可以知道 $ETC^{(3)}(n,q,j)$ 是关于 j 的凸函数。

由性质 3.3 可知，当 $ETC^{(3)}(n,q,j)$ 关于 j 的一阶条件为零时，则最优的缺陷品分批处理次数 j^* 为

$$j^*(n,q) = q\sqrt{\frac{h_{r2}(M-1)}{2kc_h M}} \quad (3-25)$$

由于上面给出的每次供货的最优运输量 $q^*(n,j)$ 和缺陷品最优的分批处理次数 $j^*(n,q)$ 互为对方的函数，因此将式（3-21）代入式（3-25）中，就可以得到最优的分批处理次数为

$$j^*(n) = \sqrt{\frac{h_{r2}(c_o + c_s + nc_f)(M-1)d}{h_{r2}nc_h(M-1)d + nkc_h\{h_m(n-1) - [h_m(n-2)Md]/p + h_{r1}/M\}}}$$
$$(3-26)$$

此时，最优分批处理次数 $j^*(n)$ 只是供货次数 n 的函数。由于式（3-26）所求得的最优分批处理次数 j^* 并不一定都是整数，而现实中分批处理次数必须是整数，所以当 j^* 不为整数时，我们需要如下的调整步骤：

$$j^* = \begin{cases} \max\{1, \lfloor j^* \rfloor\}, \text{如果 } ETC^{(3)}(n,q,\lfloor j^* \rfloor) \leq ETC^{(3)}(n,q,\lceil j^* \rceil) \\ \max\{1, \lceil j^* \rceil\}, \text{如果 } ETC^{(3)}(n,q,\lfloor j^* \rfloor) > ETC^{(3)}(n,q,\lceil j^* \rceil) \end{cases}$$
$$(3-27)$$

从以上的讨论我们可以知道，生产-库存系统中存在三个主要的决策变量：供货次数 n、每次供货的运输量 q 和分批处理次数 j。由于 q 和 j 都是 n 的

函数，因此没法给出每个决策变量的显式表达式（或称为封闭解）。为了求解这个问题，我们采用如下的求解步骤：

步骤1：令 $n = 1$；

步骤2：利用式（3-26）求得最优的分批处理次数 j^*；

步骤3：如果得到的 j^* 不为整数，则跳转到步骤4，否则，跳转到步骤5；

步骤4：对于最优分批处理次数的上取整 $\lceil j^* \rceil$，利用式（3-21）求得相应的供货运输量 $q^*(n, \lceil j^* \rceil)$，并进一步利用式（3-16）求得生产-库存系统的平均总成本 $ETC^{(3)}(n, q, \lceil j^* \rceil)$；相应地，对于最优分批处理次数的下取整 $\lfloor j^* \rfloor$，求得 $q^*(n, \lfloor j^* \rfloor)$ 和 $ETC^{(3)}(n, q, \lfloor j^* \rfloor)$。在式（3-27）中，通过对比 $ETC^{(3)}(n, q, \lceil j^* \rceil)$ 和 $ETC^{(3)}(n, q, \lfloor j^* \rfloor)$，可以得到取整后的最优分批处理次数 j^*，跳转到步骤6；

步骤5：利用式（3-21）计算每次供货的最优运输量 $q^*(n, j^*)$ 和利用式（3-16）计算相应的最优平均总成本 $ETC^{(3)}(n, q, j^*)$，跳转到步骤6；

步骤6：设 $n = n + 1$，重复以上步骤2~5来求得不同的 n 值下相应的 $q^*(n, j^*)$ 和 $ETC^{(3)}(n, q^*, j^*)$，跳转到步骤7；

步骤7：如果 $ETC^{(3)}(n, q^*, j^*) < ETC^{(3)}(n-1, q^*, j^*)$，则返回步骤6，否则跳转到步骤8；

步骤8：令 $ETC^{(3)}(n^*, q^*, j^*) = ETC^{(3)}(n-1, q^*, j^*)$，此时 n^*，q^*，j^* 即为最优解，对应的最优联合库存系统的平均总成本为 $ETC^{(3)}(n^*, q^*, j^*)$。

3.4 数值计算

为了观察缺陷品的分批处理对生产-库存系统的影响，本节将通过具体的数值算例来对上面的求解过程做出说明。为了便于对比，我们采用了与 Huang（2004）相同的应用实例，并添加了关于分批处理的相关数据，具体的模型数据如下所示：

需求率，$d = 50000$ 单位/年；

生产率，$p = 160000$ 单位/年；

生产准备成本，$c_s = \$300/$次；

订货成本，$c_o = \$100/$次；

质量保证费用，$c_w = \$30/$单位$/$年；

运输费用，$c_f = \$25/$次；

质量检验速率，$k = 175200$ 单位$/$年；

制造商库存成本，$h_v = \$2/$单位$/$年；

分销商的完美品库存成本，$h_{r1} = \$5/$单位$/$年；

分销商的缺陷品库存成本，$h_{r2} = \$3/$单位$/$年；

由于缺陷率 γ 是具有确定概率密度函数的随机变量，其概率密度函数为

$$f(\gamma) = \begin{cases} 25, & 0 \leq \gamma \leq 0.04 \\ 0, & 其他 \end{cases}$$

可以计算缺陷率的期望值为

$$E[\gamma] = \int_0^{0.04} 25\gamma d\gamma = 0.02$$

$$M = E\left[\frac{1}{1-\gamma}\right] = \int_0^{0.04} \frac{25}{1-\gamma} d\gamma = 1.02055$$

基于以上的模型参数，并采用 3.2 节给出求解步骤，我们给出以下三个算例。

算例一：$c_h = 0, h_{r1} = h_{r2} = 5$

在此算例中将不考虑缺陷品每次处理的成本，也即 $c_h = 0$。在这种情况下不同处理次数下的最优结果如表 3-1 所示（这里只给出前 10 个结果）。生产-库存系统的期望平均总成本 $ETC^{(3)}(n^*, q^*, j^*)$ 关于缺陷品的分批处理次数 j^* 的变化情况如图 3-5 所示。

表 3-1 不考虑处理成本时的最优结果

分批处理次数 j	供货次数 n^*	每次供货数量 q^*	期望平均总成本 $ETC^{(3)}(n^*, q^*, j^*)$
1	7	780.2685	67082.60
2	7	780.6843	67076.88
3	7	780.8230	67074.97
4	7	780.8924	67074.02
5	7	780.9340	67073.45

续表

分批处理次数 j	供货次数 n^*	每次供货数量 q^*	期望平均总成本 $ETC^{(3)}(n^*, q^*, j^*)$
6	7	780.9618	67073.06
7	7	780.9816	67072.79
8	7	780.9965	67072.59
9	7	781.0081	67072.43
10	7	781.0174	67072.30

从表3-1我们可以知道每个订货周期内，供货次数并不随着分批处理次数的变化而变化，但是每次供货数量却随着分批处理次数的增加而稍微增加，而期望平均总成本随着分批处理次数的增加而减少。

从图3-5可以观察到，当对缺陷品做一次处理时，即 $j=1$ 时，本章所构造的模型与Huang（2004）的模型是完全一样的（见图3-5中两条曲线的交点）。但是随着分批处理次数的增加，本章所构造的模型就要比Huang（2004）的模型得到的期望平均总成本更小。这是显而易见的，因为在前面的分析中，我们知道在不考虑处理成本的情况下，越多的分批处理次数意味着越小的缺陷

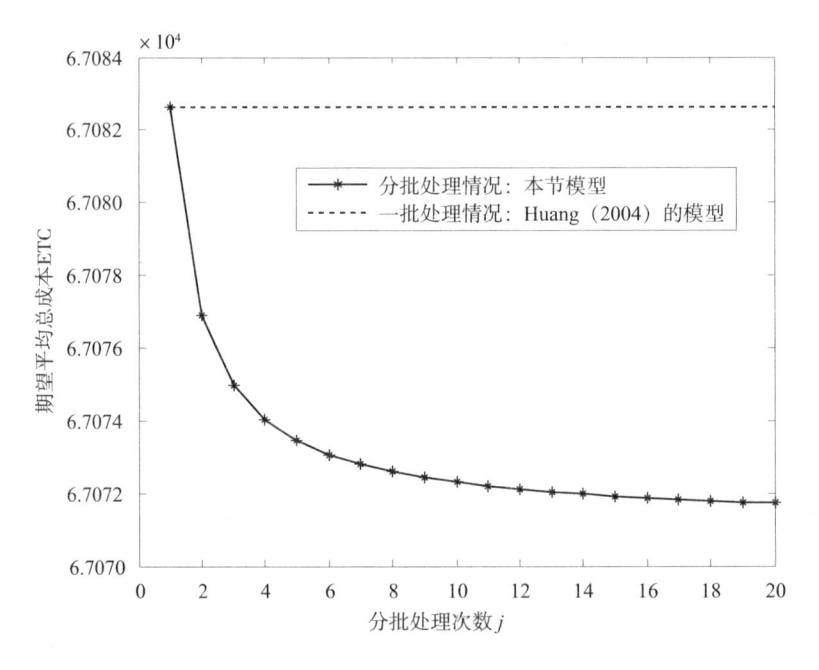

图3-5 不考虑处理成本时的期望平均总成本变化曲线

品库存成本。另外需要指出的是，随着分批处理次数的不断增大，能节省的期望平均总成本也越来越小，当分批处理次数达到一个足够大的值时，期望平均总成本将趋于平稳。

算例二：$c_h > 0$，$h_{r1} = h_{r2} = 5$

在此算例中，缺陷品每次处理的处理成本 c_h 不为零，而且分销商的完美质量产品和缺陷品的单位存储费用相等。采用上一节所阐述的求解步骤，所得到的最优结果如表 3-2 所示，而生产-库存系统的期望平均总成本 $ETC^{(3)}(n^*, q^*, j)$ 关于缺陷品的处理成本 c_h 的变化情况如图 3-6 所示。从表 3-2 可知，对于较小的处理成本，进行分批处理的可能性也较大。c_h 的值越小，分批处理次数 j 也越大。与算例一相似，供货次数并不随着处理成本以及分批处理次数的变化而变化，而每次供货数量会随着分批处理次数的增加而稍微增加。另外，从图 3-6 我们可以看出，当缺陷品每次处理成本小于 0.05（即 $c_h < 0.05$）时，本章所构造模型的期望平均总成本要比 Huang（2004）的模型中的期望平均总成本小，但是随着缺陷品每次处理成本的逐渐增加，分批处理策略下的期望平均总成本（本章模型的期望平均总成本）会比一次处理策略的期望平均总成本 [Huang（2004）的期望平均总成本] 更差或相同。而另一方面，我们还观察到，当 $c_h \leq 0.08$，分批处理的次数才会多于 1 次，也即在此范围内，缺陷品的分批处理策略要比一次处理策略更优。但是当 $c_h > 0.08$ 时，缺陷品的处理次数都为一次，而最优的供货次数和每次供货量都将与 Huang（2004）所求出的无异。这里需要指出的是，当 $c_h > 0.08$ 时，同在一次处理策略下，本章所构造模型的期望平均总成本比 Huang（2004）的模型的期望平均总成本要高，这是由于 Huang（2004）的模型没有考虑缺陷品的分批处理成本的缘故。

表 3-2 不同处理成本情况下的最优结果（1）

缺陷品每次处理成本 c_h	分批处理次数 j	供货次数 n^*	每次供货数量 q^*	期望平均总成本 $ETC^{(3)}$
0.01	4	7	781.10	67076
0.02	3	7	781.41	67079
0.03	2	7	780.99	67081
0.04	2	7	781.08	67082

续表

缺陷品每次处理成本 c_h	分批处理次数 j	供货次数 n^*	每次供货数量 q^*	期望平均总成本 $ETC^{(3)}$
0.05	2	7	781.60	67083
0.06	2	7	781.69	67084
0.07	2	7	781.79	67086
0.08	2	7	781.88	67087
0.09	1	7	780.72	67088
0.10	1	7	780.76	67089

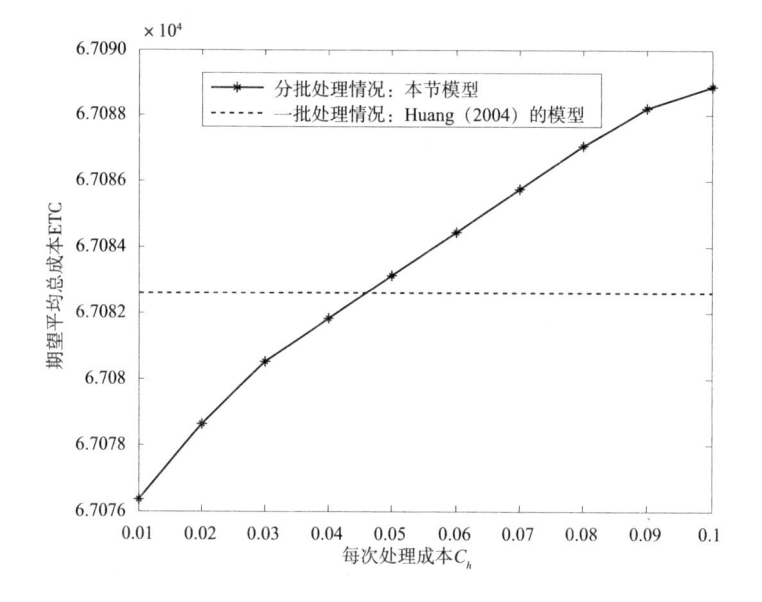

图 3-6 期望平均总成本随处理成本变化的曲线（1）

算例三：$c_h > 0$，$h_{r1} = 5$，$h_{r2} = 3$

为了与算例二进行对比，这里考虑了当分销商完美质量产品的单位库存成本和缺陷品的单位库存成本不相同的情况（这里假设缺陷品的单位库存成本要低一些），其结果如表 3-3 所示（只给出部分的结果）。从表 3-3 中我们可以看到，对于相同的缺陷品每次处理成本 c_h，本算例中的分批处理次数 j 和期望平均总成本 ETC 都比算例二中相应的值要小，其原因在于当缺陷品的单位库存成本降低时，缺陷品的分批处理能节省的缺陷品库存成本就会降低，导致对缺陷品进行分批处理的动机也会变小。但是，即使分批处理的次数变少，考虑到缺陷品单位库存成本的降低对联合库存总成本的影响，本算例中的期望平均总成本比算例二中的期望平均总成本会有所降低。另外，如图3-7所示，当完美质量产品的单位库存成本和缺陷品的单位库存成本不相同时，如果 $c_h \leqslant 0.14$，则对缺陷品的分批处理比一次处理要优。

表3-3 不同处理成本情况下的最优结果（2）

缺陷品每次处理成本 c_h	分批处理次数 j	供货次数 n^*	每次供货数量 q^*	期望平均总成本 $ETC^{(3)}$
0.01	3	7	781.43	67071
0.02	2	7	781.39	67072
0.03	2	7	781.74	67074
0.04	2	7	781.83	67075
0.05	2	7	781.93	67076
0.06	1	7	781.24	67077
0.07	1	7	781.29	67078
0.08	1	7	781.33	67078
0.09	1	7	781.38	67079
0.10	1	7	781.43	67080
0.11	1	7	781.98	67080
0.12	1	7	782.02	67081
0.13	1	7	782.07	67082
0.14	1	7	782.12	67082
0.15	1	7	782.17	67083

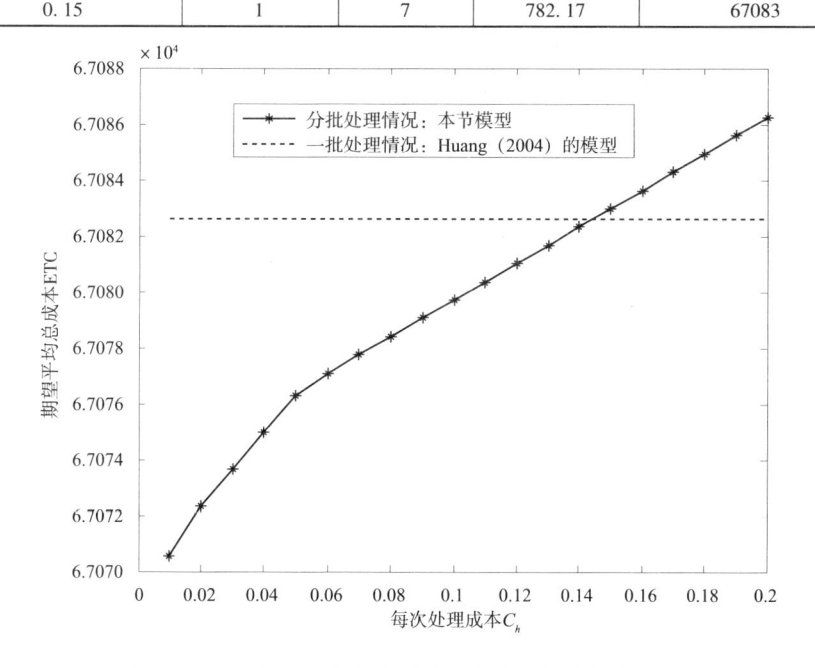

图3-7 期望平均总成本随处理成本变化的曲线（2）

3.5 本章小结

在本章中我们构造了一个考虑缺陷品的生产－库存联合优化模型,在这个模型中分销商向制造商进行订货,制造商根据分销商的订货需求进行生产。在供货策略上,我们假设制造商的生产总量将平分为若干次等量供货来满足分销商的需求。考虑到制造商由于其生产过程的不完善导致了向分销商每次供货中都包含一定数量的缺陷品,分销商需要采取100%的检验策略来保证其供给顾客的产品都是质量完美的。相对于一般的生产－库存模型,分销商在一次供货中鉴别出来的所有缺陷品只做一批处理(报废处理),本章中的生产－库存联合优化模型考虑了对一次供货中的缺陷品做分批处理(即分多个批次进行处理),并根据不同的分批处理成本、完美品与缺陷品的单位存储成本的区别讨论了三个算例。通过分析和对比三个算例,我们得到如下的启示:首先,在不考虑缺陷品每次处理成本时,缺陷品的分批处理要比相似情况下进行一批处理得到的期望平均总成本更优,因此采用一批处理缺陷品的生产－库存联合优化模型如Huang(2004)的模型是本章中所描述的模型的一个特例;其次,当缺陷品每次处理的成本不为零时,只要缺陷品的处理成本足够小,缺陷品在分批处理策略下所得到的期望平均总成本就要比一批处理策略下所得到的期望平均总成本小,这促使我们在算例二和算例三中权衡分批处理策略下缺陷品库存的减少和处理成本的增加;再次,对比了算例二和算例三,我们可以知道在相同的缺陷品每次处理成本的条件下,期望平均总成本将随着缺陷品单位库存成本的降低而降低;最后,在考虑缺陷品的生产－库存联合优化模型中,供货批次并不会随着缺陷品的分批处理次数和每次处理成本的变化而变化。

第4章 考虑"可接受的缺陷品"的生产－库存联合优化模型

4.1 引 言

在第三章中,我们讨论了基于缺陷品分批处理的生产－库存联合优化模型,这是从分销商对缺陷品的处理频率的角度来分析一次供货中缺陷品的处理次数对联合库存系统的影响,为此需权衡缺陷品分批处理带来的缺陷品库存减少和处理成本增加两个方面。然而,随着可利用资源的减少、原材料价格的上升以及环境保护的要求,减少资源的损耗和废弃成了企业降低成本的一个重要方法。要减少资源的损耗,一方面要开发新技术和改良工艺,降低生产的产品对资源特别是不可再生资源的需求;另一方面是提高产品质量,减少因质量导致所生产产品的浪费。目前,对有质量问题的产品主要有以下五种处理方式:①再使用,即产品的直接再使用或再销售;②产品升级,即对产品进行再包装、再修复和再制造;③原材料恢复,包括拆用配件和再循环;④报废处理和折价出售;⑤丢弃,包括产品的焚烧和掩埋。由于对有质量问题的产品的合适处理方式会影响企业的最终成本或利润,因此如何根据产品的质量水平采取合适的处理方式来降低联合库存模型的总成本就成了一个具有重要意义的问题。

在库存模型中,考虑缺陷品的多种处理方法:所有缺陷品的报废处理、退货处理和维修处理。如 Salameh 和 Jaber(2000)在 EOQ 模型中考虑缺陷品的问题，他们考虑一次供货中所有的缺陷品将在100%质量检验过程完成后作为一个批次出售到次级市场。而 Chan 等（2003）建立了与 Salameh 和 Jaber（2000）相似的模型，考虑产品可以分为完美质量产品、返工后的完美质量产品、具有质量缺陷的产品以及废品。在此之后，Salameh 和 Jaber（2000）模型中对缺陷品处理的假设被众多模型所采用，如 Huang（2004）讨论了所有缺陷品以一个批次折价出售的情况下单制造商单分销商的联合生产－库存模型，其中分销商的库存变化与 Salameh 和 Jaber（2000）模型一样。但是无论是 Salameh 和 Jaber（2000）的模型还是 Huang（2004）的模型都基于一个共同的假设，那就是缺陷品的处理/折价出售并不会影响顾客对剩余完美质量产品的需求。而在实际中，分销商在其质量检验过程中所发现的缺陷品并不是毫无价值的，其中的一部分缺陷品经过简单的修理或不修理就可以直接用于满足顾客的部分需求。不少产品具有这样的特性，比如衣服、运动鞋、钱包或瓷器等，这些产品的缺陷品中有部分只是有一些小小的缺陷，而这些小缺陷并不容易发现而且往往不影响产品的使用，因此这样的缺陷品可以像完美质量产品那样满足顾客的需求。另外，蔬菜、水果等产品切除腐烂的部分或者去掉枯萎的叶子就能使得剩下的部分达到完美质量的水平，因此剩下的部分就可以作为完美质量产品进行销售。为了后面描述的方便，这里把这些可作为完美质量产品使用的缺陷品称为"可接受的缺陷品"。这些"可接受的缺陷品"的存在必然会影响到对剩余完美质量产品的需求，在同一时间内，"可接受的缺陷品"越多，对完美质量产品的需求就越少。但这里需要指出的是，分销商的"可接受的缺陷品"只能满足顾客的部分需求，也即只有部分的顾客能接受以这些"可接受的缺陷品"来替代完美质量产品，在市场环境下这显然是合理的。

从文献综述中我们可以看到，目前还鲜有文献在其模型中涉及"可接受的缺陷品"对完美质量产品消耗的影响，唯 Yu 等（2012）在 EOQ 模型中考虑了"可接受的缺陷品"的存在，分析了缺陷率是固定值和缺陷率服从均匀分布两种情况下，"可接受的缺陷品"对企业订货量和最终期望利润的影响。但是 Yu 等（2012）的模型只考虑了一个企业的库存决策，而没有考虑供应链中其他成员对企业的订货决策、库存水平以及产品质量的影响。另外,他们假设这些"可接受的缺陷品"直接影响顾客的需求,即从分销商的需求中直接减去"可接受的缺陷品"的数量,因此没有考虑缺陷品的库存成本。但是如完美质量产品那样,这些"可接受的缺陷品"也会影响分销商以及生产-库存系统的总库存成本,因此在联合库存系统中不能将其忽略。

考虑到 Yu 等(2012)的模型的不足,本章考虑了具有缺陷品的单制造商单分销商的生产-库存联合优化模型,其中制造商向分销商的每次供货中都包含一定数量的缺陷品,分销商通过100%质量检验过程来甄别这些缺陷品,甄别出来的这些缺陷品中有部分可以被当作完美质量产品使用(即部分"可接受的缺陷品")来满足分销商的需求。在此情况下,我们讨论了"可接受的缺陷品"的存在对分销商中完美质量产品的消耗的影响,并进一步讨论了其对生产-库存系统中制造商的生产、供货决策和分销商的订货决策的影响。最后还在考虑完美质量产品库存、缺陷品库存(包括"可接受的缺陷品"库存和待报废的缺陷品库存)的基础上,分析了如何制定联合库存中的订货批量、生产批量及供货策略,以实现生产-库存系统期望平均总利润的最大化。

4.2 符号说明与模型假设

本章考虑了具有缺陷品的单制造商单分销商的生产-库存联合优化模型。制造商的生产过程不完善导致每次对分销商的供货都包含有一定数量的缺陷品,为了确保不会将缺陷品供应给消费者,分销商对制造商的每次供货进行全数检验(即100%检验策略)来进行质量控制。通过质量检验过程,制造商向分销商的一次供货分为三部分:完美质量产品、"可接受的缺陷品"和待报废的缺陷品,其中分销商将完美质量产品和"可接受的缺陷品"用于满足顾客的需求,而其他的缺陷品则直接折价出售。但是由于"可接受的缺陷品"的特殊性,我们假设只有部分顾客愿意使用"可接受的缺陷品"代替完美质量产品,因此,"可接受的缺陷品"只能满足一部分而非全部的需求。模型结构如图4-1所示。

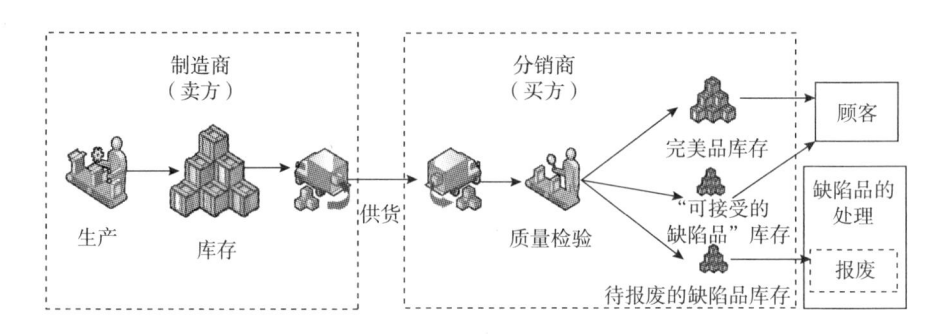

图 4-1 本章模型结构

4.2.1 符号说明

为了方便模型的建立，我们给出如下相关的符号定义。

q：制造商每次向分销商的供货量（决策变量）。

n：一个生产周期内制造商向分销商的供货次数（决策变量）。

Q：一个周期内分销商的每次订货量，$Q = nq$。

T：连续两次供货的时间间隔。

TC：一个周期的长度，$TC = nT$。

d：单位时间内分销商所面临的需求，即需求率。

p：制造商的生产率，假设 $p > d$。

h_m：制造商的单位库存成本。

h_{r1}：分销商中完美品的单位库存成本。

h_{r2}：分销商中缺陷品的单位库存成本。

c_s：制造商每次生产的生产准备费用。

c_o：分销商每次订购的订货费用。

c_w：制造商对每个缺陷品的保证（承诺）费用。

c_k：产品的单位质量检验成本。

c_f：每次供货的运输成本。

k：质量检验过程的速率。

γ：每次供货中的缺陷品率。

$f(\gamma)$：缺陷品率的概率密度函数。

θ：能被接受为完美质量产品使用的缺陷品比例（即"可接受的缺陷品"占总缺陷品比例）。

η：不能接受"可接受的缺陷品"的顾客比例（或需求比例）。

λ：生产率与需求率的比率，$\lambda = p/d$。

τ：每次供货中质量检验的时间。

4.2.2 模型假设

（1）本章的生产-库存系统只考虑一个制造商向一个分销商供应一种产品的情况。

（2）分销商的订货由制造商的 n 次供货来满足，每次供货的数量为 q。

（3）制造商的生产过程是不完善的，每次供货中的缺陷率是随机的。

（4）缺陷率 γ 是具有概率密度函数 $f(\gamma)$ 的随机变量。

（5）对于制造商的每一次供货，分销商都采取全数检验的质量检验策略来甄别供货批次中的缺陷品。

（6）部分缺陷品将被接受为完美质量产品，并在质量检验过程结束后像完美质量产品那样用于满足部分顾客的需求，而剩余的缺陷品则在检验结束后作为一个批次进行报废处理。

（7）虽然部分的缺陷品被接受为完美质量产品使用，但是只有 $1-\eta$ 比例的需求可以使用这些"可接受的缺陷品"来满足。

（8）缺陷品的单位库存成本要比完美质量产品的单位库存成本要低，"可接受的缺陷品"的单位库存成本介于待报废缺陷品的单位库存成本和完美质量产品的单位库存成本之间。

（9）制造商只有在分销商库存消耗完的时候才进行下一次供货。

（10）不允许缺货。

4.3 模型的建立

本模型旨在分析存在"可接受的缺陷品"的情况下，如何通过联合生产－库存系统的期望平均总利润的最大化来寻找最优的订货决策、生产决策和供货决策。考虑一个制造商向一个分销商供应一个产品的情况，分销商需要向制造商订 Q 单位产品来满足其外部的需求。在获得分销商的订货信息后，制造商开始生产并通过 n 次等数量的供货来满足分销商的需求，其中制造商的库存变化和累积如图4-2所示。图4-2上方是制造商的库存变化图，在生产阶段（时间为 Q/p），制造商的库存不断增加，每隔一段时间 T，制造商向分销

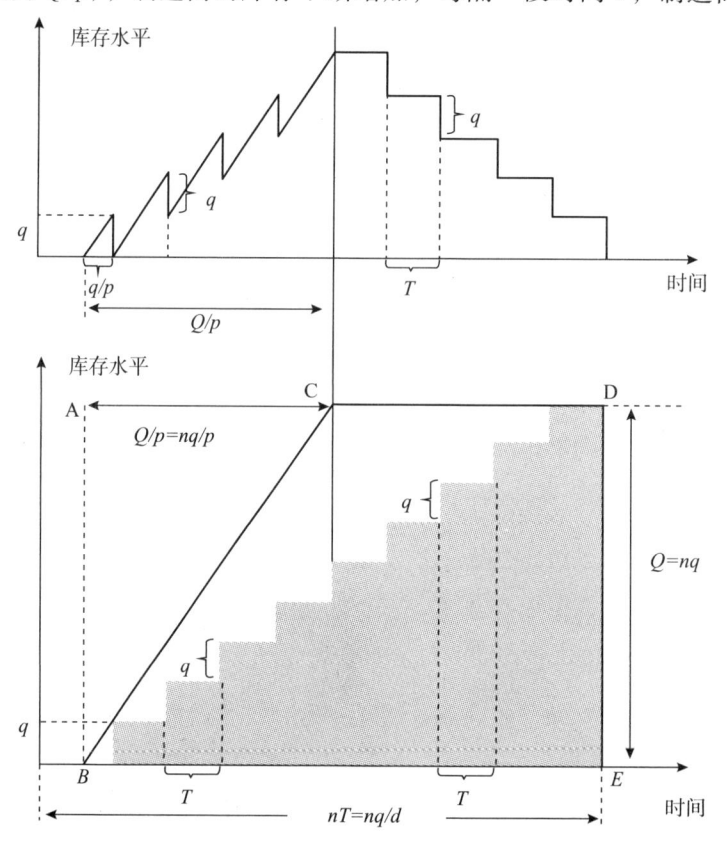

图4-2 制造商的库存变化和累积

第4章 考虑"可接受的缺陷品"的生产-库存联合优化模型

商供货一次,每次供货的运输量为 q,则库存会下降 q 个单位,因此在制造商的生产阶段,其库存呈锯齿状变化。当制造商生产完分销商的所有订货后,其库存变化就进入纯消耗阶段,每隔时间 T,库存就减少 q 个单位,因此呈阶梯下降。而图 4-2 下方是制造商的库存累积图,在生产阶段制造商的库存总共累积到 Q,而这一过程中因为每隔时间 T 要运输 q 个单位,因此在一个订货周期内总的运输累积量为图中阴影部分,所以要计算制造商的总库存成本,只需要用制造商的总累积库存水平减去总的运输累积量。

另外,由于制造商生产过程的不完善,在制造商的每次供货中都包含 γ 比例的缺陷品,为此,分销商通过全数量的质量检验来甄别缺陷品,检验的速率为 k 个产品每单位时间。如图 4-3 所示,分销商质量检验过程在 T_1 时段内完成,与以往的生产-库存联合优化模型不同,在检验过程完成后,也即 T_2 时段内,部分的缺陷品(比例为 θ)被当作完美质量产品满足需求,这些缺陷品被称为"可接受的缺陷品",而另外的缺陷品则作为一个批次进行报废处理。

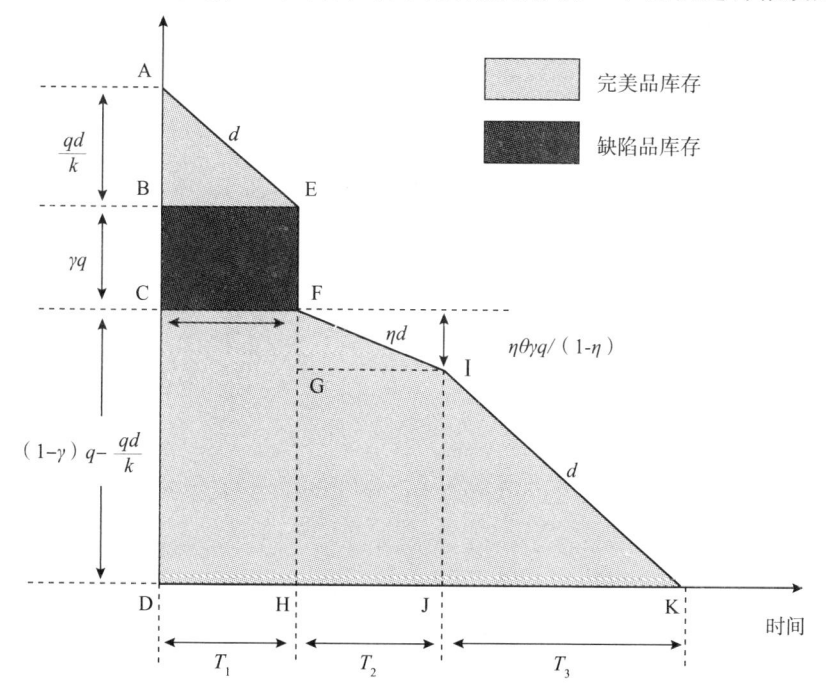

图 4-3 第 i 次供货分销商的库存变化

另外，基于现实情况，"可接受的缺陷品"只能满足 η 比例的需求，而另外的 $1-\eta$ 比例的需求需要用完美质量产品来满足。这些"可接受的缺陷品"将在 T_2 时段全部消耗完（同样时间内也消耗了部分完美质量产品），则剩余的完美质量产品将在 T_3 时期用于满足需求。

为了保证分销商的质量检验过程中不发生缺货的情况，我们假设质量检验的速率要大于或等于需求率，这意味着，在质量检验的时间 q/k 内，每次供货中完美质量产品的数量 $(1-E[\gamma])q$ 应该大于相应时间内的需求量 $(q/k)d$。因此，就有约束条件 $(1-E[\gamma])q \geq (q/k)d$，即 $E[\gamma] \leq 1-d/k$，也即 $k \geq d/(1-E[\gamma])$。

4.3.1 供货周期 T 的计算

分销商在一个供货周期内分为三个阶段：第一个阶段是对当次供货的产品进行全数量（100%）质量检查，检查的时间为 $T_1 = q/k$；第二个阶段是将第一阶段所甄别出来的"可接受的缺陷品"（数量为 $\theta\gamma q$）与完美质量产品一起用于满足需求，其中"可接受的缺陷品"满足的需求（也即能接受"可接受的缺陷品"代替完美质量产品的顾客量）是 $(1-\eta)d$，这些"可接受的缺陷品"消耗完需时为 $T_2 = \theta\gamma q/[(1-\eta)d]$，而在第二阶段用于满足需求的完美质量产品的数量为 $T_2\eta d$；第三个阶段是将第二阶段剩余的完美质量产品用于满足顾客需求，直到消耗完，这个过程耗费的时间为 $T_3 = [(1-\gamma)q - qd/k - \theta\eta\gamma q/(1-\eta)]/d$。综上所述，一个供货周期可以表述为

$$T = T_1 + T_2 + T_3 = \frac{(1-\gamma+\theta\gamma)q}{d} \quad (4-1)$$

从以上的分析，我们可以得到如下关于"可接受的缺陷品"（θ）占总的缺陷品数的比例，以及接受"可接受的缺陷品"的顾客的比例（η）的性质如下。

性质 4.1：（1）给定 θ，则 η 的取值介于 0 与 η_0 之间，其中

$$\eta_0 = \frac{(1-\gamma)k - d}{(1-\gamma)k - d + \theta\gamma k} \quad (4-2)$$

(2) 给定 η，则 θ 的取值介于 0 与 θ_0 之间，其中

$$\theta_0 = \frac{(1-\eta)[(1-\gamma)k-d]}{\gamma\eta k} \tag{4-3}$$

证明： 由于模型假设不能缺货，为了避免缺货，则在 T_2 时期开始的时候，完美质量产品的数量需要能够满足 T_2 时期的需求。从图 4-3 我们可以计算 T_2 时期开始时完美质量产品的数量为 $(1-\gamma)q - qd/k$，而 T_2 时期对完美质量产品的总需求为 ηdT_2，则

$$\eta dT_2 \leq (1-\gamma)q - \frac{qd}{k}$$

将 T_2 的值 $T_2 = \theta\gamma q/[(1-\eta)d]$ 代进去，就可以得到关于 θ 和 η 的不等式：

$$\frac{\theta\gamma\eta}{1-\eta} \leq (1-\gamma) - \frac{d}{k}$$

此时，当给定 θ 时，有

$$\eta \leq \frac{(1-\gamma)k-d}{(1-\gamma)k-d+\theta\gamma k}$$

而当给定 η 时，有

$$\theta \leq \frac{(1-\eta)[(1-\gamma)k-d]}{\gamma\eta k}$$

由于，θ 和 η 都是非负数，因此性质 4.1 得证。

4.3.2 制造商的期望平均总成本

如图 4-2 所示，制造商的生产总量 Q 平分为 n 批供货给分销商，与 Huang（2004）计算的方法相似，制造商的期望平均总库存成本为

$$EIC^{(v)} = h_m\left\{\frac{q}{2} + \frac{(n-2)q}{2}\left[1 - \frac{d}{(1-\gamma)p}\right]\right\} \tag{4-4}$$

再考虑制造商的生产准备成本、质量保证成本，我们可以得到在一个订货周期内，制造商的期望平均总成本为

$$ETC^{(v)} = \frac{c_s d}{n(1-E[\gamma])q} + \frac{c_w E[\gamma] d}{1-E[\gamma]}$$

$$+h_m\left\{\frac{q}{2}+\frac{(n-2)q}{2}\left[1-\frac{d}{(1-E[\gamma])p}\right]\right\} \qquad (4-5)$$

4.3.3 分销商的期望平均总成本

为得到分销商的库存总成本，首先需要分别计算分销商在一个供货周期内的总库存水平、缺陷品的库存水平，包括"可接受的缺陷品"和待报废的缺陷品（图4-3中阴影显示区域）以及完美质量产品的库存水平（图4-3中总的面积-阴影显示面积）。可以看到，图中总的面积是由□ADHE，□FHJI 以及△IJK 三部分组成，而阴影显示区域是由□BCFE 组成。其中，对于分销商一个供货周期的缺陷品库存水平有

$$\square BCFE = \gamma q T_1 = \gamma q^2/k \qquad (4-6)$$

同样，我们可以计算

$$\square ADHE = \frac{1}{2}\left[q+\left(q-\frac{qd}{k}\right)\right]T_1 = \frac{q^2}{k}-\frac{q^2 d}{2k^2} \qquad (4-7)$$

$$\square FHJI = \frac{1}{2}\left[(1-\gamma)q-\frac{qd}{k}+(1-\gamma)q-\frac{qd}{k}-\frac{\eta\theta\gamma q}{1-\eta}\right]T_2$$

$$= \frac{\theta\gamma q}{2(1-\eta)d}\left[2(1-\gamma)q-\frac{2qd}{k}-\frac{\eta\theta\gamma q}{1-\eta}\right] \qquad (4-8)$$

$$\triangle IJK = \frac{[(1-\gamma)q-qd/k-\eta\theta\gamma q/(1-\eta)]^2}{2d} \qquad (4-9)$$

由此，可以得到完美质量产品的库存为

□ADHE + □FHJI + △IJK − □BCFE =

$$q^2\left[\frac{(1-\gamma)^2}{2d}+\frac{\theta\gamma(1-\gamma)}{d}-\frac{\theta\gamma}{k}-\frac{\eta\theta^2\gamma^2}{2(1-\eta)d}\right] \qquad (4-10)$$

因此，分销商在一个供货周期内的总库存成本为

$$HC^{(b)} = h_{r1}q^2\left[\frac{(1-\gamma)^2}{2d}+\frac{\theta\gamma(1-\gamma)}{d}-\frac{\theta\gamma}{k}-\frac{\eta\theta^2\gamma^2}{2(1-\eta)d}\right]+h_{r2}\frac{\gamma q^2}{k} \qquad (4-11)$$

并得到相应的期望平均总库存成本为

$$EIC = \frac{E[HC^{(b)}]}{E[T]} =$$

$$\frac{q\left(h_{r1}\left\{\dfrac{E[(1-\gamma)^2]}{2}+\theta E[\gamma(1-\gamma)]-\dfrac{\theta E[\gamma]d}{k}-\dfrac{\eta\theta^2 E[\gamma^2]}{2(1-\eta)}\right\}+h_{r2}\dfrac{E[\gamma]d}{k}\right)}{1-E[\gamma]+E[\gamma]\theta}$$

(4-12)

需要指出的是，如果不考虑"可接受的缺陷品"的存在（即 $\theta=0$），且顾客不会去购买这些"可接受的缺陷品"（即 $\eta=1$），式（4-12）会退化为（令 $h_{r1}=h_{r2}=h_r$）

$$EIC=\frac{h_r q}{1-E[\gamma]}\left(\frac{E[(1-\gamma)^2]}{2}+\frac{E[\gamma]d}{k}\right) \quad (4-13)$$

也即 Huang（2004）的模型中描述的分销商的平均库存成本。鉴于本章所阐述的模型中制造商的库存成本计算采用了与 Huang（2004）的模型相同的计算方法，从这个意义来看，Huang（2004）的模型是本章模型的一个特例（当本章模型中 $\theta=0$ 且 $\eta=1$ 时）。

考虑到分销商的订货成本、运输成本、质量检验成本以及库存成本，则可以得到分销商的期望平均总成本为

$$ETC^{(b)}=\frac{c_o d}{(1-E[\gamma])nq}+\frac{c_f d}{(1-E[\gamma])q}+\frac{c_k d}{1-E[\gamma]}+$$

$$\frac{q\left(h_{r1}\left\{\dfrac{E[(1-\gamma)^2]}{2}+\theta E[\gamma(1-\gamma)]-\dfrac{\theta E[\gamma]d}{k}-\dfrac{\eta\theta^2 E[\gamma^2]}{2(1-\eta)}\right\}+h_{r2}\dfrac{E[\gamma]d}{k}\right)}{1-E[\gamma]+E[\gamma]\theta}$$

(4-14)

综合考虑制造商的期望平均总成本式（4-5）和分销商的期望平均总成本式（4-14），则可以得到联合生产-库存系统的期望平均总成本函数为

$$ETC=ETC^{(v)}+ETC^{(b)}$$

$$=\frac{(c_o+c_s+nc_f)d}{(1-E[\gamma])nq}+\frac{(c_w E[\gamma]+c_k)d}{1-E[\gamma]}+h_m\left\{\frac{q}{2}+\frac{(n-2)q}{2}\left[1-\frac{d}{(1-E[\gamma])p}\right]\right\}+$$

$$\frac{q\left(h_{r1}\left\{\dfrac{E[(1-\gamma)^2]}{2}+\theta E[\gamma(1-\gamma)]-\dfrac{\theta E[\gamma]d}{k}-\dfrac{\eta\theta^2 E[\gamma^2]}{2(1-\eta)}\right\}+h_{r2}\dfrac{E[\gamma]d}{k}\right)}{1-E[\gamma]+E[\gamma]\theta}$$

(4-15)

令 $M_1 = E[\gamma]$, $M_2 = E[\gamma^2]$, $M_3 = 1/(1 - E[\gamma])$, $M_4 = E[(1-\gamma)^2]$ 以及 $M_5 = E[\gamma(1-\gamma)]$，可以得到

$$ETC = \frac{(c_o + c_s + nc_f)M_3 d}{nq} + (c_w M_1 + c_k)M_3 d + h_m q\left[\frac{n-1}{2} - \frac{(n-2)M_3 d}{2p}\right] + q\left\{h_{r1}\left[\frac{M_4}{2} + \theta M_5 - \frac{\theta M_1 d}{k} - \frac{\eta \theta^2 M_2}{2(1-\eta)}\right] + \frac{h_{r2} M_1 d}{k}\right\}\Big/[1 - (1-\theta)M_1]$$

(4-16)

整理后可得

$$ETC(n,q) = \frac{1}{q}\frac{(c_o + c_s + nc_f)M_3 d}{n} + q\left\{h_m\left[\frac{n-1}{2} - \frac{(n-2)M_3 d}{2p}\right] + \frac{h_{r1}\left[\frac{M_4}{2} + \theta M_5 - \frac{\theta M_1 d}{k} - \frac{\eta \theta^2 M_2}{2(1-\eta)}\right] + \frac{h_{r2} M_1 d}{k}}{1 - (1-\theta)M_1}\right\} + (c_w M_1 + c_k)M_3 d$$

(4-17)

为了得到最优的供货批量 q，求 $ETC(n,q)$ 关于 q 的一阶和二阶条件为

$$\frac{\partial ETC}{\partial q} = -\frac{1}{q^2}\Psi + \Pi \quad (4-18)$$

$$\frac{\partial^2 ETC}{\partial q^2} = \frac{2}{q^3}\Psi > 0 \quad (4-19)$$

其中，$\Psi = \dfrac{(c_o + c_s + nc_f)M_3 d}{n}$

$$\Pi = h_m\left[\frac{n-1}{2} - \frac{(n-2)M_3 d}{2p}\right] + \frac{h_{r1}\left[\frac{M_4}{2} + \theta M_5 - \frac{\theta M_1 d}{k} - \frac{\eta \theta^2 M_2}{2(1-\eta)}\right] + \frac{h_{r2} M_1 d}{k}}{1 - (1-\theta)M_1}$$

由式（4-19）可以知道 $ETC(n,q)$ 是关于 q 的凸函数，令 $ETC(n,q)$ 关于 q 的一阶条件为零可以得到 q 的最优值为

$$q^*(n,\theta,\eta) = \sqrt{\frac{\Psi}{\Pi}} \quad (4-20)$$

性质 4.2：（1）给定 θ，则 $q^*(n,\theta,\eta)$ 会随着 η 的增加而增加，而 $ETC(n,q,\theta,\eta)$ 会随着 η 的增加而减少，其中 $\eta = [0, \eta_0]$。因此 $q^*(n,\theta,\eta)$ 在

第4章 考虑"可接受的缺陷品"的生产-库存联合优化模型

$\eta = 0$ 时取得最小值,在 $\eta = \eta_0$ 取得最大值,而 $ETC(n,q,\theta,\eta)$ 在 $\eta = \eta_0$ 时取得最小值,在 $\eta = 0$ 时取得最大值。

(2) 给定 η,则 $q^*(n,\theta,\eta)$ 会随着 θ 的增加而减少,而 $ETC(n,q,\theta,\eta)$ 会随着 θ 的增加而增加,其中 $\theta = [0,\theta_0]$。因此 $q^*(n,\theta,\eta)$ 在 $\theta = 0$ 时取得最大值,在 $\theta = \theta_0$ 时取得最小值,而 $ETC(n,q,\theta,\eta)$ 在 $\theta = 0$ 时取得最小值,在 $\theta = \theta_0$ 时取得最大值。

证明: (1) 当给定 θ 时,由式(4-20)和式(4-16)可以得到 $q^*(n,\theta,\eta)$ 和 $ETC(n,q,\theta,\eta)$ 关于 η 的一阶导数为

$$\frac{\partial q^*(n,\theta,\eta)}{\partial \eta} = \frac{1}{2}\sqrt{\frac{\Pi}{\Psi}}\frac{\partial(\Psi/\Pi)}{\partial \eta} = \frac{1}{2q^*}\frac{\Pi\frac{\partial \Psi}{\partial \eta} - \Psi\frac{\partial \Pi}{\partial \eta}}{\Pi^2}$$

$$= \frac{\Psi\theta^2 M_2 h_{r1}}{4q^*\Pi^2(1-\eta)^2[1-(1-\theta)M_1]} > 0 \quad (4-21)$$

$$\frac{\partial ETC(n,q,\theta,\eta)}{\partial \eta} = -\frac{\Psi}{(q^*)^2}\frac{\partial q^*}{\partial \eta} + \frac{1}{q^*}\frac{\partial \Psi}{\partial \eta} + \Pi\frac{\partial q^*}{\partial \eta} + q^*\frac{\partial \Pi}{\partial \eta}$$

$$= \Delta - \frac{q^*\theta^2 M_2 h_{r1}}{2(1-\eta)^2[1-(1-\theta)M_1]} \quad (4-22)$$

由式(4-20)可知,

$$\Delta = -\frac{\Psi}{(q^*)^2}\frac{\partial q^*}{\partial \eta} + \Pi\frac{\partial q^*}{\partial \eta} = 0$$

因此可知,$\partial q^*(n,\theta,\eta)/\partial \eta > 0$ 和 $\partial ETC(n,q,\theta,\eta)/\partial \eta < 0$,也即 $q^*(n,\theta,\eta)$ 是关于 η 单调递增的,而 $ETC(n,q,\theta,\eta)$ 是关于 η 单调递减的。再由性质4.1可知,$q^*(n,\theta,\eta)$ 在 $\eta = 0$ 时取得最小值,在 $\eta = \eta_0$ 取得最大值;$ETC(n,q,\theta,\eta)$ 在 $\eta = \eta_0$ 取得最小值,在 $\eta = 0$ 时取得最大值。

(2) 的证明与(1)相似,这里省略。

当给定 θ 和 η,则生产-库存系统的期望平均总利润 $ETC(n,q,\theta,\eta)$ 是制造商向分销商的运送次数 n 和每次运送量 q 的函数,而两者又相互依赖,因此无法显式得到模型的最优解 (n^*,q^*)。为了求解模型,这里采用 Hadley 和 Whitin(1963)相似的求解步骤,因此对于本章所构造的模型,我们给出如下

的迭代步骤来进行求解,以得到最优的解 (n^*,q^*,ETC)。

从以上的讨论我们可以知道,生产 – 库存系统中存在三个主要的决策变量:供货次数 n、每次供货的运输量 q 和分批处理次数 j。由于 q 和 j 都是 n 的函数,因此没法给出每个决策变量的显式表达式(或称为封闭解)。为了求解这个问题,我们构造如下的求解步骤:

步骤 1:令 $n = 1$,给 θ 和 η 赋值。

步骤 2:利用式(4 – 20)求得每次的最优送货量 $q^*(n)$,并根据式(4 – 16)计算相应的 $ETC(n,q^*)$,跳转到步骤 3。

步骤 3:设 $n = n + 1$,重复以上步骤 2 来求得不同的 n 值下相应的 $q^*(n)$ 和 $ETC(n,q^*)$,跳转到步骤 4。

步骤 4:如果 $ETC(n,q^*) > ETC(n-1,q^*)$,则返回步骤 3,否则跳转到步骤 5。

步骤 5:令 $ETC(n^*,q^*) = ETC(n-1,q^*)$,此时 n^*、q^* 即为最优解,对应的最优联合库存系统的平均总成本为 $ETC(n^*,q^*)$。

4.4 数值计算

为了检验本章所构造模型的效率以及分析"可接受的缺陷品"对联合生产 – 库存系统的影响,本节将通过具体的数值算例来对上面的求解过程做出说明。为了便于对比,这里我们采用了与 Huang(2004)相同的应用实例,并添加了完美质量产品和缺陷品销售的相关数据,模型参数的数据如下所示:

需求率,$d = 50000$ 单位/年;

生产率,$p = 160000$ 单位/年;

生产准备成本,$c_s = \$300/$次;

订货成本,$c_o = \$100/$次;

质量保证费用,$c_w = \$30/$单位/年;

运输费用，$c_f = \$25$/次；

质量检验速率，$k = 175200$ 单位/年；

制造商库存成本，$h_m = \$2$/单位/年；

分销商的完美品库存成本，$h_{r1} = \$5$/单位/年；

分销商的缺陷品库存成本，$h_{r2} = \$3$/单位/年；

缺陷品中可接受的比例，$\theta = 0.01$；

不购买"可接受的缺陷品"的顾客比例，$\eta = 0.99$；

其中，缺陷率 γ 是已知概率密度函数的随机变量，其概率密度函数为

$$f(\gamma) = \begin{cases} 25, & 0 \leqslant \gamma \leqslant 0.04 \\ 0, & 其他 \end{cases}$$

则计算得到

$$M_1 = E[\gamma] = 0.02$$

$$M_2 = E[\gamma^2] = 0.000533$$

$$M_3 = 1/(1 - E[\gamma]) = 1.02055$$

$$M_4 = E[(1-\gamma)^2] = 0.9605$$

$$M_5 = E[\gamma(1-\gamma)] = 0.0195$$

根据上面给出的参数数据，并利用上节所描述的求解步骤，我们得到如表 4-1 的计算结果。由表 4-1 我们可以看到，最优的送货次数为 7 次，每次送货的最优批量为 772，最优的期望平均总成本为 67193.76。同时可以发现，在同样的送货次数下，考虑"可接受的缺陷品"的生产-库存联合优化模型要比不考虑"可接受的缺陷品"的模型更节省成本，而且成本减少主要表现为完美质量产品的库存成本的节约，其原因在于"可接受的缺陷品"的存在减少了对完美质量产品的部分需求。另外在考虑和不考虑"可接受的缺陷品"两种情况下，最优的送货次数都为 7 次，这表明送货次数并不因"可接受的缺陷品"存在与否而改变。

表 4-1 计算结果

	考虑"可接受的缺陷品"					不考虑"可接受的缺陷品"			
n	q	GHC	BHC	ETC^1	n	q	GHC	BHC	ETC^2
1	2715	6646.6	474.34	72312.49	1	2714	6650.4	474.24	72319.18
2	1780	4357.8	311	69236.93	2	1780	4360.7	310.96	69241.32
3	1370	3353.9	239.36	68132.01	3	1370	3356.3	239.34	68135.39
4	1131	2769	197.61	67616.06	4	1131	2771	197.6	67618.85
5	972	2380.4	169.88	67358.09	5	972	2382.2	169.88	67360.49
6	858	2101.4	149.97	67235.98	6	858	2103.1	149.97	67238.10
7	**772**	**1890.4**	**134.91**	**67193.76**	**7**	**772**	**1891.9**	**134.91**	**67195.66**
8	705	1724.7	123.09	67202.04	8	704	1726.1	123.09	67203.78
9	650	1590.8	113.53	67243.95	9	650	1592.2	113.54	67245.55
10	605	1480.2	105.63	67309.08	10	605	1481.4	105.64	67310.57

注：GHC 为完美质量产品的库存成本，BHC 为缺陷品的库存成本；粗体的值为考虑和不考虑"可接受的缺陷品"的最优解。

4.5 本章小结

在本章中，我们在不完善质量条件下的生产－库存联合优化模型中考虑"可接受的缺陷品"的存在对联合库存系统的生产和订货决策的影响。由于缺陷品的存在，分销商将对制造商的每次送货进行质量检验，通过质量检验来区分每次送货中的完美质量产品和缺陷品。在以往关于这方面的研究中，如 Salameh & Jaber（2000）、Huang（2004）等，往往是将每次送货中的所有缺陷品作为一个批次进行报废处理或折价出售。但并不是所有的缺陷品都是毫无价值的，部分的缺陷品可以像完美质量产品那样满足顾客的需求，这些缺陷品被称为"可接受的缺陷品"。这些"可接受的缺陷品"的存在会影响分销商中用于满足顾客需求的完美质量产品的消耗，并会进一步影响到订货和库存决策。因此，本章探讨了考虑部分缺陷品可以当完美质量产品使用的生产－库存联合优化模型，讨论了"可接受的缺陷品"在缺陷品中的比例，以及能够接受这些

"可接受的缺陷品"来替代完美质量产品的顾客比例对生产－库存系统的期望平均总成本的影响。通过分析我们可以知道，在固定"可接受的缺陷品"率的情况下，每次的运送量会随着不接受"可接受的缺陷品"的顾客比例的增加而增加，而期望平均总成本会随着不接受"可接受的缺陷品"的顾客比例的增加而减少；在固定不接受"可接受的缺陷品"的顾客比例的情况下，每次的运送量会随着"可接受的缺陷品"率的增加而减少，而期望平均总成本会随着"可接受的缺陷品"率的增加而增加。从算例分析中我们知道在考虑和不考虑"可接受的缺陷品"两种情况下，其最优的送货次数是相同的，也即送货次数与"可接受的缺陷品"存在与否无关。而对于同样的送货次数，考虑"可接受的缺陷品"的期望平均总成本要比不考虑"可接受的缺陷品"的期望平均总成本要小，节约的成本主要是完美质量产品的库存成本。

第5章 考虑质量持续改进的生产-库存联合优化模型

5.1 引 言

合作的概念已经被全球很多商业组织采用和实践，并为买卖双方提供经济优势。作为一个合格的供应商，卖方需要通过努力完善其生产过程并进一步改进买方的运营效率，以此与买方达到双赢，因此在合作的概念下，卖方如何向买方进行供货就成了一个值得研究的问题。如我们所知，供应链管理的目标是高效地、具有成本效益地运行整个供应链系统，从而令整个系统的总成本能够最小化。在库存管理中，为了达到系统的整体成本/利润的最优化，学者们对经典的 EOQ 进行改进，提出了联合经济批量（也称为联合生产-库存模型）的概念，将供应链中两个重要的环节——供应（这里表示制造商）和分销（这里表示分销商）决策放在一起进行考虑，使得由供应和分销所组成的供应链的整体成本最小化。考虑单制造商单分销商的联合经济批量模型由 Goyal（1977）最先提出来，在其模型中，他通过联合考虑分销商和制造商的决策使联合系统的成本最小化，这其中分销商所面临的问题是如何确定每次订货中需要向制造商订购的数量，而制造商所面临的问题是如何对生产过程进行改进投入并确定订货量和供货次数。在此之后，许多学者都关注了联合生产-库存模型方面的研究，如 Goyal（1995），Hill（1997），Sarker 和 Khan（1999），

Wu 和 Ouyang（2003），Hill 和 Omar（2006）和 Lin（2009）等。

但是，以上文献都是基于制造商所生产的产品都是完美质量的假设，而从实际观察可以得知由于受到各种不确定因素的影响，制造商生产的产品并非没有缺陷。基于此，Huang（2002）构造了一个基于不完善质量的联合生产－库存模型，其中制造商向分销商每次供货中的缺陷品率是一个已知概率密度分布的随机变量。在其模型中，分销商通过对制造商的每次供货进行质量检验来甄别完美质量产品和缺陷品，并将缺陷品整批进行折价销售。更多考虑不完善质量的联合生产－库存模型的研究可以参考以下文献：Huang（2004），Ho 等（2011），Sana（2011）。

在一个不完善质量的制造系统中，缺陷品如果被交到顾客手中会导致返修、退货的发生，从而增加与质量相关的成本（Quality－related Costs）。这里与质量相关的成本主要包括质量检验成本、产品返修成本、产品退货成本、顾客索偿成本以及企业声誉损失成本。正是因为不完善质量（或缺陷品的存在）会在很大程度上影响企业的利润，因此为了减少不完善质量所带来的影响，在联合生产－库存模型中可以通过两种质量改进努力来提高交付给顾客的产品质量，一方面是分销商的质量检验努力，可以通过提高检验精度和增加质量检验的比率两种方式来降低缺陷品流入顾客手中的机会；另一方面是制造商的质量改进努力，制造商通过对其生产过程进行质量改进投资（Quality Investment）来提高所生产产品的质量，如训练员工能力、采用先进的机器和工艺等来提高产品质量，减低质量相关的成本。在制造商与分销商组成的联合生产－库存系统中，通过对制造商的生产过程进行改进投入和对分销商的质量检验过程进行投入来提高产品质量，不仅可以将制造商与缺陷品相关的成本降低，还可以为分销商树立良好的声誉和市场形象。另外，制造商作为一个合格的供应商，应该尽量为分销商提供质量合格的产品，因此在生产－库存系统中，制造商和分销商双方都会有动机对供应链上的产品质量改进进行投资，提高交付给顾客的产品质量。目前已经有一些相关文献在库存模型中考虑对生产过程质量的投资的相关研究，如 Hong（1997）在 EOQ 模型中考虑生产周期、采购计划以及对生产准备减少和过程质量改进的联合投资计划。Ouyang 和 Chang（2000b）在订货批量模型中讨论了质量改进对再订货点的影响。Yang 和 Pan（2004）在需求为正态分布的情况下，在联合库存模型中考虑对提前期和产品质量进行投资并分析其对模型的影响。Ouyang 等（2013）分析了制造商生产过程中质量改进投入和分销商质量检验策略两者对不完善质量下联合生产－库存模型的影响，他们发现最优的订货策略、质量改进投入策略以及质量检验策略是通过权衡联合系统中的改进投入成本、检验成本和缺陷品的惩罚成本来得到的，同时还发现制造商和分销商对质量改进投入的分担比例是影响联合库存系统表现的重要因素之一。Shu 和 Zhou（2014）在单制造商单分销商组成的联合生产－库存模型中考虑免费维修保证（Free Minimal Repair Warranty）策略，并分析了生产准备费用减少和过程质量改进的联合投资对联合库存系统中制造商的生产决策和分销商的订货决策的影响。

从以上文献的分析我们可以发现，以往考虑不完善质量的库存模型大多只是关注缺陷品对企业内部的影响，而且对生产过程中的质量改进投资也只是一次性投入，即通过进行质量改进投资，产品的质量（用缺陷率表示）从一个水平跳跃到另一个水平，而忽视了企业中生产过程和产品质量的持续改进（Continuous Improvement）是全面质量管理（TQM）的一个基本原则。而且在实际中由于企业有不同的投资计划和组合，所以在一定的时间内企业可能由于资金约束、员工培训、技术限制等因素不能一次投入太多的资金进行质量改进，由此限制了一次性质量改进幅度不会太大。而即使企业没有资金约束，连续、动态地进行质量改进也可能比一次性改进投入令企业的质量水平达到更优，基于这些情况可以看到，在不完善质量条件下的库存模型中考虑产品质量的连续改进投资是一个值得研究的课题。

在不完善质量条件下的库存模型中考虑通过质量投资来进行质量的持续改进的文献还比较少，Yoo 等（2012）考虑一个制造商在不完善质量条件下的库存问题，由于生产过程中质量不完善和质量检验过程中的不完善，制造商一方面要对检验出来的缺陷品进行紧急处理，如返工、维修和报废；另一方面，没有检查出来的缺陷品到达顾客的手里会导致退货、换货以及索赔的发生。基于此，Yoo 等（2012）在其模型中考虑了制造商对生产质量的改进和质量检验精度提高的两种资金投入方式，并在一次性资金投入和连续性资金投入两种环境下讨论了一个周期的质量改进资金投入问题和多周期并具有资金约束的质量改进资金投入问题。Yoo 等（2012）虽然在库存模型中考虑了质量连续改进的问题，但生产改进和检验过程都是在制造商内部进行的，而在供应链环境下，制造商主要是负责生产过程的改进，而检验过程及其改进过程往往是在制造商的下游分销商中完成，因此单从一个企业来考虑生产过程的持续改进和检验策略的持续改进无法反映出两级供应链中上游制造商与下游分销商为了提高最终的产品质量共同努力的联合和协调的情形，同时也无法从整个供应链的总体利益出发对考虑质量持续改进的联合生产－库存系统中制造商和分销商之间生产与订货的联合与协调进行优化。

在本章中，研究考虑质量持续改进的生产－库存联合优化问题，模型的具体描述如下：在由一个制造商一个分销商组成的生产－库存系统中，由于制造商生产过程的不完善而导致其生产出来的产品中包含有一定比例的缺陷品，为了甄别这些缺陷品，分销商在收到制造商的每次供货时都会进行质量检验，只有经过质量检验后的产品才进行存储或使用，分销商所应用的检验策略包括样本检验（Sampling Inspection，SI）、全检（Entire lot Screening，LS）和不检（No Inspection，NI）。但是分销商检验过程的不完美导致经过质量检验后（即使是全检情况下）依然有一定比例的缺陷品供给了顾客，从而产生一定的质量成本（如退货成本和顾客索赔成本）。由此可以看到，在此生产－库存系统中，为了减少供给顾客的产品中所包含的缺陷品数量，一方面制造商可以通过改进生产过程来提高产品质量；另一方面分销商可以通过降低检验错误率来减少交付给顾客的缺陷品数量，这就需要权衡制造商对生产过程的质量改进投入、分销商提高检验精度的投入和缺陷品所带来的顾客索赔成本。与以往文献中所涉及的质量改进和检验精度的一次投资不同的是，本章在全面质量管理的持续改进思想指导下，考虑到当一个生产周期内的生产过程改进和检验过程改进中所能投入的质量改进资金有约束时,质量改进需要分为多个周期进行,也即实行生产过程和检验过程的渐进式改进。因此,在本章中我们是在动态、持续的环境下考虑质量持续改进对联合生产－库存系统的影响,并通过分析来得到在质量持续改进环境下的最优生产、订货决策和质量持续改进的投资决策(包括制造商生产过程的质量改进投资决策和分销商质量检验过程的改进投资决策)。

5.2 符号说明与模型假设

在本章的模型中,假设制造商的生产过程不完善而导致给分销商的每次供货中包含一定的缺陷品。在清晰了解制造商的非完善生产过程会导致缺陷品的事实后,分销商对制造商的供货进行质量检验。分销商的检验过程也是不完善的,会导致一定数量的缺陷品被供给顾客。为了减少把缺陷品送到顾客手中所带来的索赔成本,制造商通过对生产过程的持续改进来不断提高产品质量,而分销商通过不断提高检验精度来减少把缺陷品供给顾客的概率,买卖双方共同努力来提高交付给顾客的产品质量,由此建立质量持续改进环境下的生产－库存联合优化模型。模型的结构如图 5－1 所示,制造商生产如 PDCA 环改进过

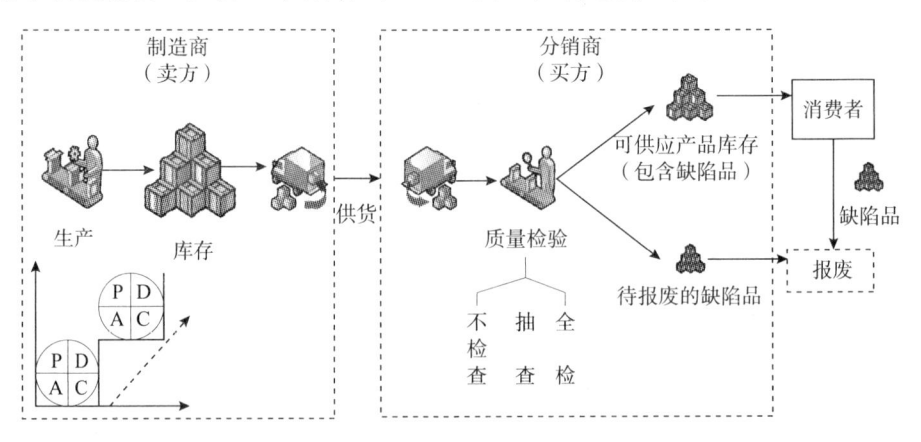

图 5－1 本章的模型结构

程那样，生产过程不断完善，质量不断提高，而分销商的检验过程按检查比例分为三种情况：不检验、样本检验和全数检验。

5.2.1 符号定义

为了方便模型的建立，我们给出如下相关的符号定义。

q：制造商每次向分销商的供货量。

n：一个生产周期内制造商向分销商的供货次数。

Q：一个周期内分销商的每次订货量，$Q = nq$。

m：需要考虑的订货周期数量（$i = 1, \cdots, m$）。

T_i：第 i 个订货周期内连续两次供货的间隔。

d：单位时间内分销商所面临的需求，即需求率。

p：制造商的生产率，假设 $p > d$。

h_m：制造商的单位库存成本。

h_b：分销商的单位库存成本。

c_s：制造商每次生产的生产准备成本。

c_o：分销商每次订购的订货成本。

c_w：制造商对每个缺陷品的保证（承诺）成本。

c_k：产品的单位质量检验成本。

c_f：每次供货的运输成本。

k：质量检验过程的速率。

γ_i：第 i 个订货周期内一次供货中的缺陷品率。

δ：分销商对每次供货的检查率，$0 \leq \delta \leq 1$。

ρ_i：分销商质量检验中检验错误率，$0 \leq \rho_i \leq 1$。

l：顾客对产品质量不满意的单位索赔成本。

$I_i(\gamma_i)$：第 i 个订货周期对生产过程改进进行投资的机会成本（包括利息与折旧成本）。

$K_i(\rho_i)$：第 i 个订货周期对检验过程进行投资的机会成本。

YC_i：第 i 个订货周期中可用于质量改进投资的累积最大成本。

5.2.2 模型假设

（1）本章的联合生产－库存系统只考虑一个制造商向一个分销商供应一种产品、多个订货周期的情况。

（2）分销商的每次订货由制造商的 n 次供货来满足，每次供货的数量为 q。

（3）制造商的生产过程是不完善的，在第 i 次订货中，制造商供货中的缺陷率为 γ_i。

（4）对于制造商的每一次供货，分销商都采取一定的质量检验策略［根据 δ 的不同分别是不检验（$\delta=0$）、样本检验（$0<\delta<1$）和全检（$\delta=1$）］来甄别供货批次中的缺陷品。

（5）分销商的质量检验过程是不完善的，在其质量检验过程中会发生第 II 类检验错误，即分销商检验过程中会将部分缺陷品当作质量完美产品并用于满足顾客需求，在第 i 次订货中，质量检验的错误率为 ρ_i。

（6）为了提高交付给顾客的产品质量水平，制造商可以通过对生产过程投资来改进其产品的质量水平，同样，分销商也可以通过对检验过程投资来提高其检验精度，生产过程和检验过程的投资会产生机会成本。

（7）制造商的生产过程改进和分销商的检验精度提高都是一个动态、多周期的质量持续改进过程。

（8）制造商只有在分销商库存消耗完的时候才进行下一次供货。

（9）分销商检验出来的缺陷品和顾客使用后发现的缺陷品都做报废处理。

（10）不允许缺货。

5.3 模型建立

本模型主要是分析在质量持续改进情况下，如何确定最优的订货决策、生

第5章 考虑质量持续改进的生产-库存联合优化模型

产决策、质量改进和检验精度投资决策令联合生产-库存系统的期望平均总成本最小化。这里考虑分销商在第 i 个订货周期开始向制造商订购 Q 个产品来满足顾客的需求,制造商在接到分销商的订货信息后开始生产并通过将全部生产的产品分为 n 次等数量的供货来满足分销商的需求,即每次供货的数量为 $q = Q/n$,其中制造商的库存变化和累积如图 5-2 所示。对于分销商而言,由于制造商生产过程不完善,因此对于制造商的每次供货都进行质量检查,分销商的库存行为如图 5-3 所示。检验的数量为 δq,其中检查率为 δ($\delta = 0$ 表示不检查的情况;$\delta = 1$ 表示全批检查的情况),则检验时间 $\tau = \delta q/k$,另外由于分销商质量检查过程的不完美,第 i 个订货周期中检验错误率为 ρ_i(这里假设检验失效率 ρ_i 与产品缺陷率 γ_i 是相互独立的),分销商的检查过程只能甄别出

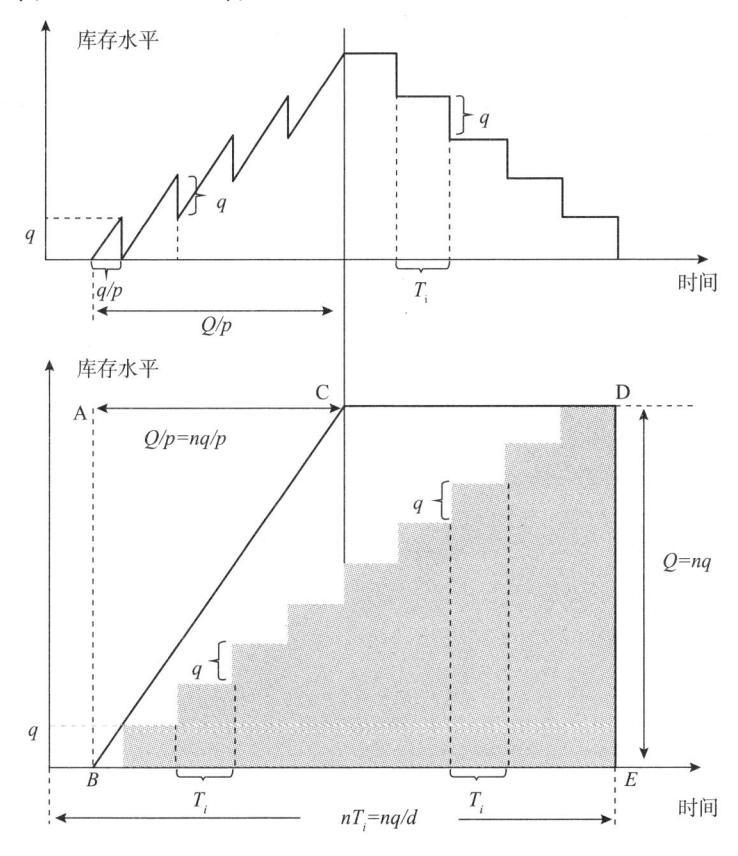

图 5-2 第 i 个订货周期时制造商的库存变化

$(1-\rho_i)\delta\gamma_i q$ 单位的缺陷品。因此经过分销商的质量检验过程后，可供应顾客需求的产品就包括数量 $(1-\gamma_i)q$ 的完美质量产品以及数量 $(1-\delta+\delta\rho_i)\gamma_i q$ 的没有检验出来的缺陷品，由此可以知道第 i 个订货周期时，连续两次供货的间隔 $T_i = (1-\gamma_i\delta+\delta\rho_i\gamma_i)q/d$。为了提高供应给顾客的产品质量水平，制造商与分销商对产品质量水平 $(1-\gamma_i)$ 和检验精度 $(1-\rho_i)$ 的改进做出相应的资金投入决策，而这些资金投入利息与折旧成本分别为 I_i 和 K_i，其中生产过程改进和检验精度提高的资金投入利息与折旧成本采用幂函数的形式：$I_i = I_i(\gamma_i) = a(\gamma_i^{-b}-1)$ 和 $K_i = K_i(\rho_i) = c(\rho_i^{-e}-1)$，且有 $\partial I_i/\partial\gamma_i < 0$，$\partial^2 I_i/\partial\gamma_i^2 > 0$ 和 $\partial K_i/\partial\rho_i < 0$，$\partial^2 K_i/\partial\rho_i^2 > 0$，以及 $I_i(0) = K_i(0) = \infty$ 和 $I_i(1) = K_i(1) = 0$。其中，a，b，c，e 分别为已知的正整数，由此可以知道 I_i 和 K_i 分别与 γ_i 和 ρ_i 负相关（需要指出的是，I_i 和 K_i 是单位时间内的利息与折旧成本，而非一个订货周期的利息与折旧成本）。假设 YC_i 为第 i 个订货周期中可应用于质量改进的最大累积额，另外假设 B_i 为第 i 个订货周期的额外投资成本，即有 $YC_i = YC_{i-1} + B_i$

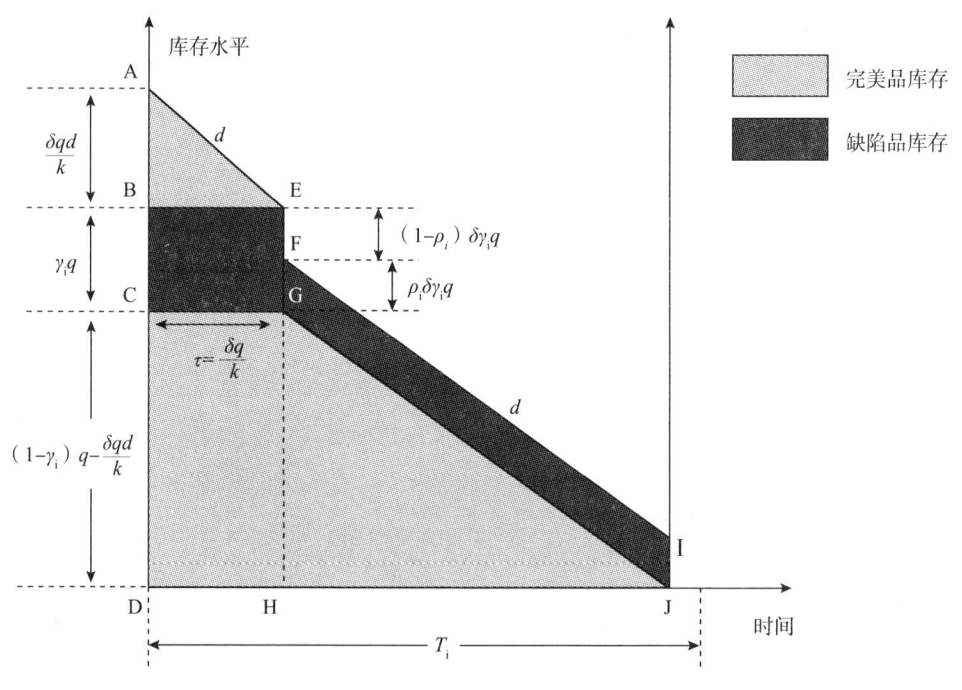

图 5-3 一次供货中分销商的库存变化

$>YC_{i-1}$。另外,一旦产品被销售出去,顾客会发现其购买的产品是否具有质量缺陷,而交付给顾客的缺陷品会产生顾客索赔成本。这里假设单位产品的索赔成本为 l,则在第 i 个订货周期中,总的顾客索赔成本为 $TR_i = l(1-\delta+\delta\rho_i)\gamma_i q$,相应的平均索赔成本为 $R_i = TR_i/T_i = l(1-\delta+\delta\rho_i)\gamma_i d/(1-\gamma_i\delta+\delta\rho_i\gamma_i)$。

由以上分析可以知道,在第 i 个订货周期中,当制造商生产过程中的缺陷率为 γ_i 时,制造商的平均库存总成本为(Huang,2004)(图 5-2 中□$BCDE$-阴影部分面积)

$$HC_i^m = \frac{h_m\left(\left\{nq\left[\frac{q}{p}+(n-1)T_i\right]-\frac{nq}{2}\frac{nq}{p}\right\}-T_i[q+2q+\cdots+(n-1)q]\right)}{nT_i}$$

$$= h_m\left[\frac{(n-1)q}{2}-\frac{(n-2)qd}{2p(1-\gamma_i\delta+\delta\rho_i\gamma_i)}\right] \quad (5-1)$$

考虑制造商的生产准备成本、质量保证成本、库存成本以及质量改进投资的机会成本就可以得到第 i 个订货周期内制造商的平均总成本为

$$TC_i^m = \frac{c_s}{nT_i} + \frac{c_w(1-\rho_i)\delta\gamma_i nq}{nT_i} + HC_i^m + I_i(\gamma_i)$$

$$= \frac{c_s d}{n(1-\gamma_i+\delta\rho_i\gamma_i)q} + \frac{c_w(1-\rho_i)\delta\gamma_i d}{(1-\gamma_i\delta+\delta\rho_i\gamma_i)}$$

$$+ h_m\left[\frac{(n-1)q}{2}-\frac{(n-2)qd}{2p(1-\gamma_i\delta+\delta\rho_i\gamma_i)}\right] + a(\gamma_i^{-b}-1) \quad (5-2)$$

另外由图 5-3 可以知道,分销商在一次供货中的总库存水平由完美质量产品库存和缺陷品库存所组成。其中,完美质量产品的总库存水平为

$$T_i(1-\gamma_i)q/2 \quad (5-3)$$

而缺陷品总库存水平为

$$\square BCGE + \square FGJI = \gamma_i q \times \frac{\delta q}{k} + \delta\gamma_i\rho_i q \times \frac{(1-\gamma_i)q+(1-\delta+\delta\rho_i)\gamma_i q}{d}$$

$$= \frac{\delta\gamma_i q^2}{k} + \frac{\delta\gamma_i\rho_i q^2 + (-1+\rho_i)\delta^2\rho_i\gamma_i^2 q^2}{d} \quad (5-4)$$

因此,一次供货中分销商库存的平均总成本为

$$HC_i^r = h_b \left\{ T_i \frac{(1-\gamma_i)q}{2} + \left[\frac{\delta\gamma_i q^2}{k} + \frac{\delta\gamma_i \rho_i q^2}{d} + \frac{(-1+\rho_i)\delta^2 \rho_i \gamma_i^2 q^2}{d} \right] \right\} / T_i$$

$$= h_b \left\{ \frac{(1-\gamma_i)q}{2} + \frac{[\delta\gamma_i d/k + \delta\gamma_i\rho_i + (-1+\rho_i)\delta^2\rho_i\gamma_i^2]q}{1-\gamma_i+\delta\gamma_i\rho_i} \right\} \quad (5-5)$$

综合考虑分销商的订货成本、质量检验成本、运输成本、库存成本以及检验精度资金投入的利息与折旧成本，就可以得到分销商的总成本函数为

$$TC_i^r = \frac{c_o}{nT_i} + \frac{c_k \delta q}{T_i} + \frac{c_f}{T_i} + HC_i^r + K_i$$

$$= \frac{c_o d}{(1-\gamma_i+\delta\gamma_i\rho_i)nq} + \frac{c_k \delta d}{1-\gamma_i+\delta\gamma_i\rho_i} + \frac{c_f d}{(1-\gamma_i+\delta\gamma_i\rho_i)q} + c(\rho_i^{-e}-1)$$

$$+ h_b \left\{ \frac{(1-\gamma_i)q}{2} + \frac{[\delta\gamma_i d/k + \delta\gamma_i\rho_i + (-1+\rho_i)\delta^2\rho_i\gamma_i^2]q}{1-\gamma_i+\delta\gamma_i\rho_i} \right\} \quad (5-6)$$

则联合生产-库存系统的平均总成本为

$$ETC_i(n,q,\gamma_i,\rho_i) = TC_i^m + TC_i^r + R_i$$

$$= \frac{(c_o+c_s+nc_f)d}{(1-\gamma_i+\delta\gamma_i\rho_i)nq} + \frac{[c_w(1-\rho_i)\gamma_i+c_k]\delta d}{1-\gamma_i+\delta\gamma_i\rho_i} + \frac{(1-\delta+\delta\rho_i)l\gamma_i d}{1-\gamma_i+\delta\gamma_i\rho_i}$$

$$+ h_m \left[\frac{(n-1)q}{2} - \frac{(n-2)qd}{2p(1-\gamma_i+\delta\rho_i\gamma_i)} \right] + a(\gamma_i^{-b}-1) + c(\rho_i^{-e}-1)$$

$$+ h_b \left\{ \frac{(1-\gamma_i)q}{2} + \frac{[\delta\gamma_i d/k + \delta\gamma_i\rho_i + (-1+\rho_i)\delta^2\rho_i\gamma_i^2]q}{1-\gamma_i+\delta\gamma_i\rho_i} \right\} \quad (5-7)$$

这里需要指出的是当不考虑质量改进投资成本时，即 $I_i(\gamma_i) = K_i(\rho_i) = 0$，抽检率为100%（即 $\delta = 1$），以及没有检验错误时（即 $\rho_i = 0$），式（5-7）将退化为

$$ETC_i = \frac{(c_o+c_s+nc_f)d}{(1-\gamma_i)nq} + \frac{(c_w\gamma_i+c_k)d}{1-\gamma_i} + h_m \left[\frac{(n-1)q}{2} - \frac{(n-2)qd}{2p(1-\gamma_i)} \right]$$

$$+ h_b \left[\frac{(1-\gamma_i)q}{2} + \frac{\gamma_i qd}{(1-\gamma_i)k} \right] \quad (5-8)$$

即 Huang（2004）中所求得的联合库存系统的平均总成本函数。由此可以看出，Huang（2004）所构造的模型是本章中所阐述模型的一个特例，本章的模型正是在其基础上考虑通过生产过程以及检验精度的持续改进来提高产品质量

以及不同检验策略的情况。

性质 5.1：当给定 n，γ_i 和 ρ_i 时，$ETC_i(n,q,\gamma_i,\rho_i)$ 是关于 q 的凸函数。

证明：对式（5-7）进行整理可以得到：

$$ETC_i(n,q,\gamma_i,\rho_i) = \frac{1}{q}\Phi + q\Omega + \Pi \tag{5-9}$$

其中，$\Phi = \dfrac{(c_o + c_s + nc_f)d}{(1 - \gamma_i + \delta\gamma_i\rho_i)n}$

$$\Omega = h_m\left[\frac{(n-1)}{2} - \frac{(n-2)d}{2p(1-\gamma_i+\delta\rho_i\gamma_i)}\right]$$

$$+ h_b\left[\frac{(1-\gamma_i)}{2} + \frac{\delta\gamma_i d/k + \delta\gamma_i\rho_i + (-1+\rho_i)\delta^2\rho_i\gamma_i^2}{1-\gamma_i+\delta\gamma_i\rho_i}\right]$$

$$\Pi = \frac{[c_w(1-\rho_i)\gamma_i + c_k]\delta d}{1-\gamma_i+\delta\gamma_i\rho_i} + \frac{(1-\delta+\delta\rho_i)l\gamma_i d}{1-\gamma_i+\delta\gamma_i\rho_i} + a(\gamma_i^{-b} - 1) + c(\rho_i^{-e} - 1)$$

由此，可以得到 $ETC_i(n,q,\gamma_i,\rho_i)$ 关于 q 的一阶和二阶条件为

$$\frac{\partial ETC_i(n,q,\gamma_i,\rho_i)}{\partial q} = -\frac{1}{q^2}\Phi + \Omega \tag{5-10}$$

$$\frac{\partial^2 ETC_i(n,q,\gamma_i,\rho_i)}{\partial q^2} = \frac{2}{q^3}\Phi \tag{5-11}$$

很显然，当给定 n，γ_i 和 ρ_i 时，有 $\partial^2 ETC_i(n,q,\gamma_i,\rho_i)/\partial q^2 > 0$，由此可知 $ETC_i(n,q,\gamma_i,\rho_i)$ 是关于 q 的凸函数。

由性质 5.1 我们可以得到给定 n，γ_i 和 ρ_i 时，每次供货的最优数量为

$$q = \sqrt{\Phi/\Omega} \tag{5-12}$$

由于本章的模型考虑的是质量持续改进问题，因此会涉及多个订货周期，从企业长期利益出发需衡量多个周期的累积成本，并以长期累积成本为优化目标，因此假设第 i 个订货周期时联合库存系统的累积平均总成本为 $CETC_i$，即有

$$CETC_i = \sum_{r=1}^{i} ETC_r \tag{5-13}$$

考虑到质量改进和检验精度提高的资金投入约束 YC_i，因此基于质量连续改进的生产-库存模型就变为如下的优化问题：

$$\min CETC_i$$

$$s.t.$$

$$I_i(\gamma_i) + K_i(\rho_i) \leq YC_i \tag{5-14}$$

$$\gamma_i \leq \gamma_{i-1}$$

$$\rho_i \leq \rho_{i-1}$$

其中，$I_i(\gamma_i) + K_i(\rho_i) \leq YC_i$ 表示每个周期情况下（如周期 i）总的质量改进资金约束，而 $\gamma_i \leq \gamma_{i-1}$ 表示每一个周期的缺陷品率要比前一个周期的缺陷品率低，$\rho_i \leq \rho_{i-1}$ 表示每个周期的质量检查精度要比前一个周期的质量检验精度高。

5.4 数值计算

在本节中，我们考虑基于质量改进（包括生产过程改进和检验精度改进）的资金约束条件下，多周期连续改进的生产－库存联合优化问题。为了比较不同的检验策略下模型最优解的变化，这里我们将使用 LINGO14.0 软件包对模型进行计算，在以下五种情况下求解式（5-7）中非线性最小化问题，得到不同检验策略下的 ETC_i。

(1) 不检验（NI）：在这种情况下，$\delta = 0$，$\rho_i = 1$ ($i = 1, \cdots, m$)；

(2) 检查率为 0.2（SI0.2）：抽检情况下，$\delta = 0.2$；

(3) 检查率为 0.5（SI0.5）：抽检情况下，$\delta = 0.5$；

(4) 检查率为 0.8（SI0.8）：抽检情况下，$\delta = 0.8$；

(5) 全检（LS）：在这种情况下，$\delta = 1$。

模型相关的参数赋值如下：

需求率，$d = 20000$ 单位/年；

生产率，$p = 40000$ 单位/年；

生产准备成本，$c_s = \$500$/次；

订货成本，$c_o = \$100$/次；

质量保证（承诺）成本，$c_w = \$5$/单位/年；

质量检验费用，$c_k = \$5/$单位/年；

运输固定成本，$c_f = \$25/$次；

质量检验速率，$k = 17520$ 单位/年；

顾客索赔成本，$l = \$50/$单位；

制造商的库存成本，$h_m = \$0.3/$单位/年；

分销商的库存成本，$h_b = \$0.5/$单位/年。

对于生产过程以及检验过程的投资机会成本（利息与折旧成本），分别采用如下的成本函数：$I_i = 10000(\gamma_i^{-1} - 1)$，$K_i = 1000(\rho_i^{-1} - 1)$。为了分析生产过程以及检验过程中导致的连续质量改进对联合生产－库存系统的影响，这里考虑8个订货周期（也看作8年），即 $m = 8$。其中，设定第 i 周期的额外质量改进投资额分别为 $B_i = \$50000(i=1)$ 和 $B_i = \$10000(2 \leq i \leq 8)$。通过LINGO软件包的计算（如表5－1所示），我们可以得到不同检验策略下基于质量持续改进的联合库存系统的期望平均总成本。从表5－1中我们发现，在同样的检验策略下，随着可用投资资金的提高，联合库存系统的平均总成本呈下降的趋势，并最终达到稳定状态。根据检验策略的不同，平均总成本达到稳定状态的时间也不同，不检查（NI）策略在第7个订货周期时平均总成本达到稳定，而SI0.2、SI0.5以及SI0.8检验策略的平均总成本分别在第6、第5、第4个订货周期时达到稳定。而全检（LS）策略的平均总成本则在第3个订货周期内达到稳定，由此可以看出抽检比例越高，相应的最优平均总成本就能越早到达稳定状态。即在此之后，再多的改进资金投入都不会影响制造商生产中的缺陷品率以及分销商检验过程中的检验失效率。另外，从表5－1中，我们发现，在制造商向分销商的供货中，对于同一种检验策略，随着订货周期的增加、可用质量改进资金的增大，供货次数会小于或等于前一订货周期。

表5−1　不同检验策略下的平均总成本

i		1	2	3	4	5	6	7	8
YC_i		50000	60000	70000	80000	90000	100000	110000	120000
NI ($\delta=0$)	ETC_i	252599.7	229259.0	215443.1	207580.7	203686.7	202571.3	202571.3 *	202571.3 *
	n_i	10	10	10	10	9	9	9	9
	q_i	1477.098	1440.165	1414.214	1394.972	1485.926	1473.527	1473.505	1473.505
	γ_i	0.1666667	0.1428571	0.1250000	0.1111111	0.1000000	0.0900909	0.09089276	0.09089276
	ρ_i	1.000000	1.000000	1.000000	1.000000	1.000000	1.000000	1.000000	1.000000
	I_i	50000.00	60000.00	70000.00	80000.00	90000.00	100000.0	100019.8	100019.8
	K_i	0.000000	0.000000	0.000000	0.000000	0.000000	0.000000	0.000000	0.000000
SI0.2 ($\delta=0.1$)	ETC_i	257209.4	235795.1	223389.8	216622.2	213618.9	213128.5 *	213128.5 *	213128.5 *
	n_i	10	10	10	10	10	10	10	10
	q_i	1444.816	1416.945	1401.727	1380.772	1368.414	1361.602	1361.602	1361.602
	γ_i	0.1716615	0.1472347	0.1288417	0.1145028	0.1030156	0.09661265	0.09661265	0.09661265
	ρ_i	0.3641910	0.3245465	0.2953869	0.2727843	0.2546238	0.2444293	0.2444293	0.2444293
	I_i	48254.19	57918.78	67614.61	77334.10	87072.64	93506.12	93506.12	93506.12
	K_i	1745.812	2081.222	2385.391	2665.900	2927.363	3091.162	3091.162	3091.162
SI0.5 ($\delta=0.5$)	ETC_i	248412.0	232715.4	224532.3	221021.7	220467.1 *	220467.1 *	220467.1 *	220467.1 *
	n_i	11	11	10	10	10	10	10	10
	q_i	1337.014	1314.106	1384.106	1370.492	1363.129	1363.129	1363.129	1363.129
	γ_i	0.1783022	0.1527024	0.1334365	0.1184306	0.1102960	0.1102960	0.1102960	0.1102960
	ρ_i	0.2034409	0.1813843	0.1650706	0.1523842	0.1454749	0.1454749	0.1454749	0.1454749
	I_i	46084.57	55486.84	64941.99	74437.64	80665.11	80665.11	80665.11	80665.11
	K_i	3915.433	4513.156	5058.014	5562.360	5874.037	5874.037	5874.037	5874.037
SI0.8 ($\delta=0.5$)	ETC_i	233113.2	224487.8	221481.8	221317.9 *	221317.9 *	221317.9 *	221317.9 *	221317.9 *
	n_i	11	11	11	10	10	10	10	10
	q_i	1329.115	1307.809	1291.661	1373.016	1373.016	1373.016	1373.016	1373.016
	γ_i	0.1871553	0.1599797	0.1395468	0.1339162	0.1339162	0.1339162	0.1339162	0.1339162
	ρ_i	0.1321274	0.1177569	0.1070724	0.1041380	0.1041380	0.1041380	0.1041380	0.1041380
	I_i	43431.55	52507.93	61660.52	64673.55	64673.55	64673.55	64673.55	64673.55
	K_i	6568.452	7492.070	8339.479	8602.639	8602.639	8602.639	8602.639	8602.639
LS ($\delta=1$)	ETC_i	219369.7	216217.7	216150.0 *	216150.0 *	216150.0 *	216150.0 *	216150.0 *	216150.0 *
	n_i	12	11	11	11	11	11	11	11
	q_i	1258.979	1309.865	1306.349	1306.349	1306.349	1306.349	1306.349	1306.349
	γ_i	0.1979424	0.1689088	0.1642879	0.1642879	0.1642879	0.1642879	0.1642879	0.1642879
	ρ_i	0.09541756	0.08477117	0.08309056	0.08309056	0.08309056	0.08309056	0.08309056	0.08309056
	I_i	40519.75	49203.54	50868.76	50868.76	50868.76	50868.76	50868.76	50868.76
	K_i	9480.251	10796.46	11035.06	11035.06	11035.06	11035.06	11035.06	11035.06

注：*表示不同检验策略下，ETC 的稳定状态。

第5章 考虑质量持续改进的生产-库存联合优化模型

表5-2 不同检验策略下的累计总成本

i		1	2	3	4	5	6	7	8
YC_i		50000	60000	70000	80000	90000	100000	110000	120000
$CETC_i$	NI	252599.7	481858.7	697301.8	904882.5	1108569	1311141	1513712+	1716283+
	SI0.2	257209.4	493004.5	716394.3	933016.5	1146635	1359764	1572892	1786021
	SI0.5	248412	481127.4	705659.7	926681.4	1147149	1367616	1588083	1808550
	SI0.8	233113.2	457601	679082.8	900400.7	1121719	1343037	1564354	1785672
	LS	219369.7+	435587.4+	651737.4+	867887.4+	1084037+	1300187+	1516337	1732487

注：+表示每个订货周期中最小的累积平均总成本。

从表5-1和表5-2我们还发现，在同一个订货周期中的抽检策略中（如 SI0.2，SI0.5，SI0.8），抽检率越高得到的联合库存系统平均总成本就越小。通过比较表5-1中不同检验策略的平均总成本（ETC_i）和表5-2中的累计平均总成本（$CETC_i$），我们可以看到不检验（NI策略）和全检（LS策略）的平均总成本以及相应的累积平均总成本都要比不同的抽检策略（如 SI0.1，SI0.5，SI0.9）表现得更好。不检验策略较适合在质量改进后期应用，而全检策略较适合在质量改进初期应用，因此可以认为不检验和全检策略是成本最经济的两种抽检策略。至于使用哪种检验策略，则需要依据订货周期（i）和质量改进投入资金约束（YC）而定。比如在本小节算例中，在全检策略的前6个订货周期的累计平均总成本都要比不检验策略优，因此分销商应该采用全检策略以获得最低的成本，而在超过6个周期后，采用不检验策略则会获得最低的成本。

另外，从图5-4和图5-5可以看到，在质量持续改进过程中，在相同的订货周期（也即意味着相同的质量改进资金投入）下，质量检验过程中抽检比例越高，所对应的缺陷率（γ）也越高。这是合理的，因为分销商的抽检率越高，就越能甄别制造商每次供货中的缺陷品，减少和阻止了缺陷品被供应给顾客而带来的惩罚成本。另外，无论是制造商的缺陷率（γ）还是分销商的检验失效率（ρ）都随着联合生产-库存系统的平均总成本达到稳定而达到平稳状态。

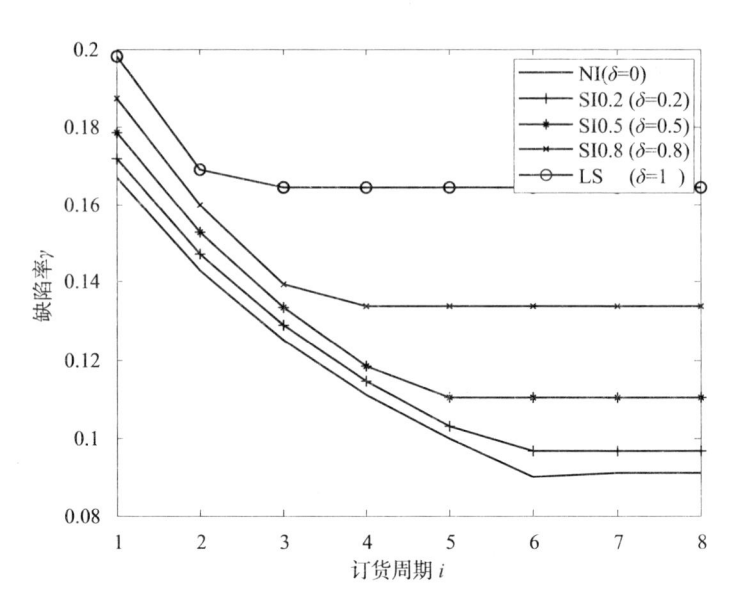

图 5-4 不同检验策略下缺陷率的变化

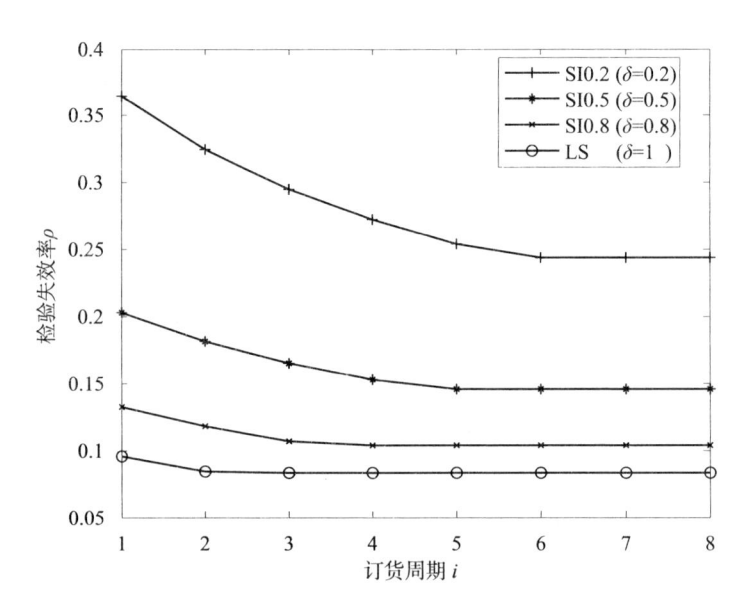

图 5-5 不同检验策略下检验失效率的变化

5.5 本章小结

在本章中,基于全面质量管理中持续改进的思想,我们考虑了基于质量持续改进的生产-库存联合优化模型。与以往关于质量改进的库存模型中一次性质量改进投资不同,本章所构造的模型在考虑制造商与分销商所组成的两级供应链中,质量改进是在投资资金约束下,动态、多周期地进行改进。在考虑生产过程以及检验过程的质量改进投入资金约束的生产-库存联合优化模型中,不仅要确定制造商的生产策略和分销商的订货策略,还需要权衡制造商对其生产过程的质量改进投入、分销商对其检验过程的改进投入和缺陷品所带来的惩罚成本之间的关系。从算例中,我们发现如下几点结论:首先,分销商的质量检验过程中抽检比例越高,生产-库存系统的平均总成本就能越早到达稳定状态。其次,可用的质量改进资金增大时,制造商更偏向于采用较小的供货次数。再次,联合系统中所能使用的质量改进资金越小时,高抽检率能得到更小的平均总成本,通过对比不同的检验策略可以知道,不检验和全检是成本最经济的两种抽检策略,不检验策略较适合在质量改进后期应用,而全检策略较适合在质量改进初期应用。这是因为在质量改进初期,质量水平还较低,需要全数检验来减少流入下游顾客的缺陷品,而质量改进后期,质量水平得到了提高,不检验也能保证产品质量而且能节省质量检验成本。最后,由于分销商质量检查过程中的高抽检率能有效减少缺陷品流入顾客手中的情况,因此当分销商采取高抽检率时,制造商对其生产过程的质量改进力度就会减少,从而导致较高的缺陷品率。

第6章 考虑质量信息分享的生产–库存联合优化模型

6.1 引 言

众所周知,供应链管理的目的是希望整个系统能高效和具有成本效率地运行,从而令整个系统的成本或效益最优。在库存管理中,为了全局(或整个系统)的最优化,在经典的 EOQ 模型中,一类库存模型就被提了出来,即我们现在所知的联合经济批量(Joint Economic Lot Size,JELS)模型或联合生产–库存(Integrated Production–inventory)模型。联合生产–库存模型的思想主要是通过联合考虑买方(分销商)的订货决策、卖方(制造商)的生产决策以及双方的库存变化来达到联合库存系统的最优化(成本最小化或利润最大化)。联合生产–库存模型因其符合供应链管理中整合的思想而引来了众多学者的注意,对于联合生产–库存模型目前的研究进展,读者可参考相关的综述文献,如 Glock(2012a)、Ben–Daya 等(2008)。然而一些过于理想化的假设条件却限制了联合生产–库存模型在实际中的应用,如 Goyal(1977)以及后续的一系列文献都在其模型中假设制造商的生产过程是完美的,因此制造商生产的产品都是完美质量的。而我们在现实中发现,制造商的生产过程受到各种不确定因素的影响,导致其生产的产品中有一定数量的缺陷品。为了解决这个问题,Huang(2002,2004)等分析了考虑缺陷品的联合生产–库存模型，在这些模型中都假设制造商的生产过程是不完善的而导致其生产的产品中包含缺陷品，并假设缺陷率是一个已知概率密度分布的随机变量。分销商为了甄别这些缺陷品，对制造商的每次供货都采用100%的检验策略，对于每一个检查出来的缺陷品，制造商都需支付一定的质量承诺成本。更多关于不完善质量的联合生产-库存模型，读者可以查阅相关文献，如Khan等（2011）。

虽然Huang（2004）以及后续的一些关于不完善质量的联合生产-库存模型有效地分析了制造商的缺陷品对分销商的库存变化、订货和生产决策的影响，丰富了联合生产-库存模型的相关研究，但是在这些模型中都假设了制造商生产过程的失效率也即缺陷品率是相对不变的（固定的概率密度函数），然而在实际中，制造商可以通过采用先进的生产系统、培训生产工人以及加强对机器的保养等方面投资来降低其产品的缺陷率和由此引发的相关质量成本。如Yang和Pan（2004）在具有正态需求下的联合库存模型中考虑通过提前期和质量改进的投资来缩短生产提前期和提高产品质量水平，以此分析提前期和质量投资对库存变化的影响。Zhu等（2007）在库存模型中讨论了采购商和供应商分别进行质量改进投入来共同提高其产品质量的问题，并分别在联合决策和分散决策的情况下确定最优的运作决策（包括采购商的订货决策和供应商的生产批量）和质量投资决策来使得系统的成本最小化。Yoo等（2012）分析了单个制造商对其生产过程和质量检验过程进行一次性和连续质量改进投资的库存模型，他们发现在具有投资资金约束的条件下，质量检验过程中的不检验策略和全检验策略是使系统总成本最低的两种检验策略，至于使用哪种检验策略则依可用的质量改进资金的大小而定。Shu和Zhou（2014）在单制造商单分销商组成的联合生产库存模型中考虑对生产准备成本和过程质量改进的投资，并通过确定最优的订货和生产策略、最优的投资策略来使得联合库存系统的平均总成本最小。然而，这些文献并没有将制造商的质量改进投资和质量信息分享联系起来，也没有将制造商的质量分享策略与分销商的检验策略综合起来考虑。

另一方面，分销商可以通过质量检查来控制销售给顾客的产品质量。在接收到制造商的供货后，如果分销商能在产品的进一步处理或出售给顾客之前进行有效的质量检验，就可以大大减少缺陷品被销售给顾客的机会。这种情况特别适用于那些缺陷品售后处理成本（包括产品保修、产品召回以及顾客忠诚度降低的成本）较高的情况。同时，分销商的质量检查过程还可以厘清制造商对质量相关成本的责任，如 Chao 等（2009）通过对产品因质量问题被召回的根本原因分析信息来确定召回成本在制造商与分销商之间的分担比例。然而，质量检验过程毫无疑问地会减慢分销商对市场的反应速度，并产生额外的检验成本。

在非合作的情况下，制造商与分销商各自为政，彼此信息不公开，制造商的质量改进过程和分销商的检验过程并存将导致不必要的成本损失。而在由制造商和分销商所组成的联合生产－库存模型中，为了令联合库存系统整体达到最优化，基于联合框架基础，制造商和分销商将通过合作来降低质量的预防成本（包括制造商的生产过程改进成本和分销商的质量检验成本）。质量信息的分享就是制造商与分销商合作提高产品质量的方式之一，如果制造商向分销商共享其质量信息，分销商就可以根据制造商的产品质量水平（常用产品缺陷率来表示）能否达到免检的水平来决定是否需要质量检验过程。如果分销商不进行质量检验，则会有较少的缺陷品被当作完美质量产品存储并最终销售给顾客，并由此带来相应的惩罚成本；相反，如果分销商进行质量检验，则没有缺陷品被交付给顾客，但是质量检验过程会产生质量检验成本，所甄别出来的缺陷品需要制造商支付质量保证成本。因此如何制定制造商质量信息分享策略来权衡制造商的质量改进成本、分销商的质量检验成本和顾客对缺陷品的惩罚成本就成了联合生产－库存模型中一个值得研究的课题。

然而，目前关于制造商与分销商之间的信息分享研究主要集中于需求信息、运输量信息、提前期信息的分享，而关于制造商与分销商之间进行质量信息分享的研究还不多。如 Wu 等（2011）研究了由两个供应商单个采购商所组成的两级供应链中横向的质量信息分享问题。在其模型中，他们考虑由于供应商的质量不确定导致了采购商收到供应商的供货后需要进行紧急订货,而采购商的紧急订货选择哪个供应商则依赖于供应商是否愿意分享其私有的质量信息。在 Wu 等（2011）的基础上,Shi 等（2013）同样考虑了两个供应商单个采购商之间的质量信息分享问题,但主要是考虑纵向的质量信息分享,即两个供应商之间是否进行质量信息分享。这些文献都是从博弈论的角度来寻找供应商进行质量信息分享的均衡策略,没有考虑到上游制造企业的质量信息分享与下游分销商的检验策略在提高产品质量方面的紧密关系,同时也没有考虑质量信息分享对于买卖双方（在联合库存中制造商为卖方,分销商为买方）库存变化的影响。

在本章中,我们研究生产-库存联合优化模型中考虑制造商会将其私有的质量信息分享给分销商的情形。在生产-库存系统中,分销商向制造商订货,而制造商根据自身所生产产品的质量水平来决定是否向分销商进行质量信息分享。如果制造商向分销商进行质量信息分享而且其质量水平能达到分销商的免检要求,则分销商可以省去质量检验过程。但是如果制造商在质量水平较低时去分享质量信息,不仅不能令分销商取消质量检验过程,还可能令分销商对制造商的产品质量失去信心。因此,在这种情况下,制造商将对其生产过程进行投资,使质量水平达到分销商的要求后再进行质量信息的分享。但如果制造商选择不分享其质量信息,则分销商可以选择使用质量检验过程和不使用质量检验过程。我们通过分析制造商的质量分享策略与分销商的质量检验策略的相互影响,给出不同组合情况下制造商和分销商的库存变化以及相应的质量投资决策,最后通过比较不同的质量分享策略与质量检验策略来得到令联合生产-库存系统成本最优的质量分享策略和质量检验策略。

6.2 符号说明与模型假设

本章所构造的模型考虑了制造商因其生产过程的不完善导致所生产的产品中包含一定数量的缺陷品时,制造商和分销商可以通过各自的努力来提高交付给顾客的产品质量水平，制造商可以通过生产过程的改进投资来提高产品质量，而分销商可以通过质量检验杜绝缺陷品被交付给顾客的情况。为了不使制造商与分销商双方的改进质量努力发生重复浪费，制造商可以向分销商分享质量信息。如果制造商的质量水平达到分销商的免检要求，分销商就不用进行质量检验，而如果制造商的质量水平较低，通过进行生产过程改进投资可以提高产品质量并达到分销商的要求也可以使分销商免去质量检验过程，只是会产生质量改进成本。对于分销商而言，制造商的质量信息分享给分销商是否进行质量检验提供了有力的决策依据，当分销商不进行质量检验时就节省了质量检验成本，但是顾客所接收到的产品中就会包含有一定数量的缺陷品，并由此产生相应的顾客索赔成本。而当分销商选择进行100%的质量检验时，就会产生相应的质量检验成本，但是不会有缺陷品流入顾客的手中，也即没有惩罚成本。模型的结构如图6-1所示。

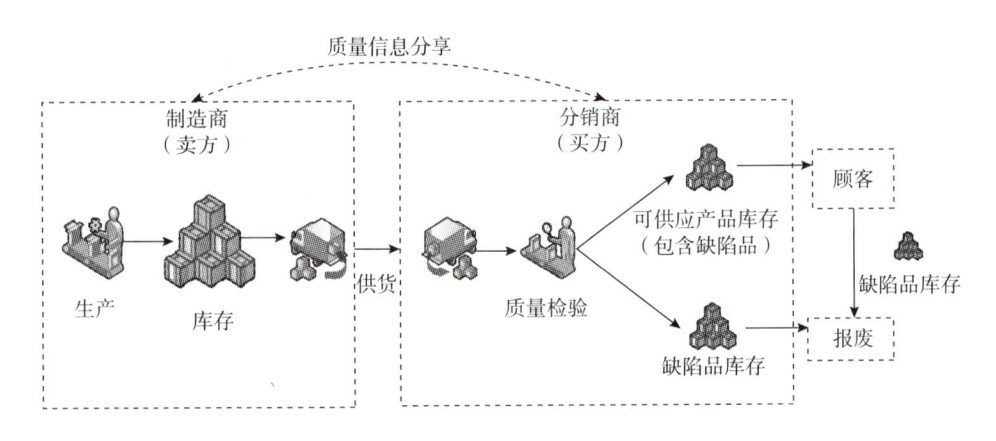

图6-1 本章的模型结构

6.2.1 符号说明

为了方便模型的建立，这里给出如下的符号和假设。

q：制造商每次向分销商的供货量。

n：一个生产周期内制造商向分销商的供货次数。

Q：一个周期内分销商的每次订货量，$Q = nq$。

$T^{(i)}$：第 i 种情形下连续两次供货的时间间隔（$i=1,\cdots,4$）。

d：单位时间内分销商所面临的需求，即需求率。

p：制造商的生产率，假设 $p>d$。

h_m：制造商的单位库存成本。

h_{b1}：分销商中完美品的单位库存成本。

h_{b2}：分销商中缺陷品的单位库存成本。

c_s：制造商每次生产的生产准备费用。

c_o：分销商每次订购的订货费用。

c_w：制造商对每个缺陷品的保证（承诺）费用。

c_k：产品的单位质量检验成本。

c_f：每次供货的运输成本。

c_p：顾客对每个缺陷品的索赔成本。

k：质量检验过程的速率。

τ：每次供货中质量检验的时间。

γ_o：质量改进前制造商的缺陷品率。

γ_g：质量改进后制造商的缺陷品率，$\gamma_g \leq \gamma_l$。

γ_l：分销商免检时允许的缺陷品率。

$I(\gamma_1, \gamma_2)$：缺陷品率从 γ_1 改进到 γ_2 所需的资金投入，$\gamma_1 \geq \gamma_2$。

θ：质量改进投资资金的单位时间的机会成本系数。

$ETC^{(i)}$：第 i 种情形下的联合生产-库存系统的平均总成本。

6.2.2 模型假设

（1）考虑的是单个制造商和单个分销商组成的两级供应链系统、单一产品的情形。

（2）需求率 d 与生产率 p 都是已知常量，且有生产率大于需求率，即 $p>d$。

（3）在每个订货周期内，分销商向制造商订 Q 单位的产品，制造商在其

生产周期内生产 nq 单位的产品,分为 n 次平均供应给分销商,并在每次供货中给分销商供应 q 单位的产品。

(4) 由于制造商的生产过程不完善,其生产的产品中包含一定数量的缺陷品,这里假设制造商原有的缺陷率为 γ_o,可能大于也可能小于分销商免检所允许的缺陷品率 γ_l。

(5) 制造商可以通过对生产过程的资金投入 $I(\gamma_o, \gamma_g)$ 使生产出来的缺陷品率从 γ_o 降到 γ_g,这里我们采用与 Porteus(1986)相同的对数投资函数,如

$$I(\gamma_o, \gamma_g) = \frac{1}{\delta} \ln \left(\frac{\gamma_o}{\gamma_g} \right) \qquad (6-1)$$

式中:γ_o 为投资前的缺陷率;γ_g 为投资改进后的缺陷率($\gamma_g \leq \gamma_l$);δ 为每单位投资所能降低缺陷品率的百分比,并由此产生机会成本 $\theta I(\gamma_o, \gamma_g)$。

(6) 分销商如果不能确定制造商的缺陷品达到免检的要求(即缺陷率低于 γ_l),则会采取 100% 的质量检验策略来甄别每次供货中的缺陷品,制造商需要为每个被检验出来的缺陷品支付一定数量的质量保证成本 $c_w \gamma q$。

(7) 如果分销商不进行质量检验,则会有部分的缺陷品被销售给顾客,顾客在使用过程中会发现其购买的产品是否具有缺陷,对于每个缺陷品,顾客都会对分销商进行索赔,由此产生索赔成本。

(8) 分销商甄别出来的缺陷品和顾客使用中发现的缺陷品都按报废处理。

(9) 制造商只有在分销商消耗完上一次供货量的时候才进行下一次供货。

(10) 不允许缺货。

6.3 模型建立

这里我们考虑联合生产-库存系统中包含一个制造商一个分销商的情形,为了满足顾客的需求,分销商在订货周期开始的时候向制造商订购 Q 单位的

产品。制造商在接到分销商的订货后立即开始生产，在其生产周期内总共生产 nq 个单位的产品，这些产品分为 n 次运送给分销商，每次供货的数量为 $q = Q/n$，而且制造商向分销商供货的时间应刚好是分销商库存为零的时候。连续两次供货之间的时间间隔假设为 T。由于制造商的生产过程是不完善的，因此生产出来的产品中会包含一定数量的缺陷品，这里假设其产品的缺陷率为 γ_o，因此每次供货中的缺陷品数量就为 $\gamma_o q$。如果 $\gamma_o \leq \gamma_l$ 就说明制造商的质量水平达到分销商的免检要求，因此分销商就不用进行质量检验，在这种情况下，分销商供应给顾客的产品中就包含 $\gamma_l Q$ 单位的缺陷品，每个缺陷品给分销商带来 c_p 的索赔成本。但如果 $\gamma_o > \gamma_l$，分销商会采用 100% 的检验策略来甄别每次供货中的缺陷品，其检验速度为 k，单位检验成本为 c_k，则检验完一次供货所耗时间为 $\tau = q/k$，分销商能检验出来的缺陷品总数为 $\gamma_o Q$。为了激励制造商提供高质量的产品，分销商要求制造商要为每个被检验出来的缺陷品支付质量保证成本 c_w。在这种情况下，制造商可以通过对其生产过程进行投资改进来提高其产品质量并使其产品的质量水平（即缺陷品率）达到或超过分销商的免检要求，即制造商质量改进后的缺陷品率变为 γ_g，这里制造商需要投入的资金为 $I(\gamma_o, \gamma_g)$，带来的成本为 $\theta I(\gamma_o, \gamma_g)$。

制造商的质量改进努力（即对生产过程的改进投资）以及分销商的质量改进努力（即质量检验过程的改进投资）都能减少交付给顾客的产品中包含的缺陷品数量，然而制造商的质量改进努力与分销商的质量检验努力在一定程度上是可以相互替代的。如果制造商通过质量改进努力提高了其产品的质量水平并达到分销商的质量要求，则分销商就不需对每次供货的产品进行质量检验，既能节省质量检验的费用，还可以保持交付给顾客的产品质量水平；反之，如果分销商有着严格的质量检验过程，制造商就缺少对生产过程进行改进以提高产品质量的动力（虽然对于分销商检验出来的缺陷品，制造商需要承担一定数量的质量保证成本）。为了避免不必要的成本浪费，在联合生产－库存系统中，制造商将与分销商进行合作来减少联合系统中的质量相关成本，而质量信息的分享是制造商与分销商的合作方式之一。在本章我们将根据以上的分析，在质量信息分享的基础上，讨论联合生产-库存模型的四种情形，具体如下。

$$\begin{cases} \gamma_o \leq \gamma_l \begin{cases} 质量信息分享（情形1）\\ 质量信息不分享（情形2）\end{cases} \\ \gamma_o > \gamma_l \begin{cases} 质量信息分享（情形3）\\ 质量信息不分享（情形4）\end{cases} \end{cases}$$

制造商的决策过程就是决定是否将其质量信息进行分享，而分销商的决策过程是先观察制造商的质量信息（分销商只有在制造商进行质量信息分享时才能观察到制造商的质量信息），然后分销商决定是否对制造商的每次供货进行质量检验。如果 $\gamma_o \leq \gamma_l$，表示制造商的产品质量水平较高（缺陷品率较小）并达到分销商的免检要求，在这种情况下如果分销商能得到制造商的产品质量信息，分销商将不对制造商的供货进行质量检验，并由此产生顾客对缺陷品的索赔成本（即情形1），但是如果分销商得不到制造商的产品质量信息，分销商必然会对制造商的每次供货进行质量检验（即情形2）。另一方面，如果 $\gamma_o > \gamma_l$，表示制造商的产品质量水平较低（缺陷品率较大），并未达到分销商的免检要求，制造商会尝试对其生产过程进行改进投资，当产品的质量水平达到分销商的免检要求后才决定是否进行质量信息分享（因为制造商分享较低的质量水平会使分销商对制造商的产品质量失去信心）。在这种情况下，如果分销商能得到制造商的产品质量信息，分销商将不对制造商的供货进行质量检验，并由此产生顾客对缺陷品的索赔成本（即情形3），但是如果分销商得不到制造商的质量信息，分销商必然会对制造商的每次供货进行质量检验（即情形4）。

另外，由于四种情况下制造商的库存变化较为相似，不同情况下制造商库存水平的差别在于相邻两次供货的间隔 $T^{(i)}$，这里根据图6-2给出四种情形下制造商库存水平的统一计算公式（不同的情形只需要代入不同的 $T^{(i)}$）。

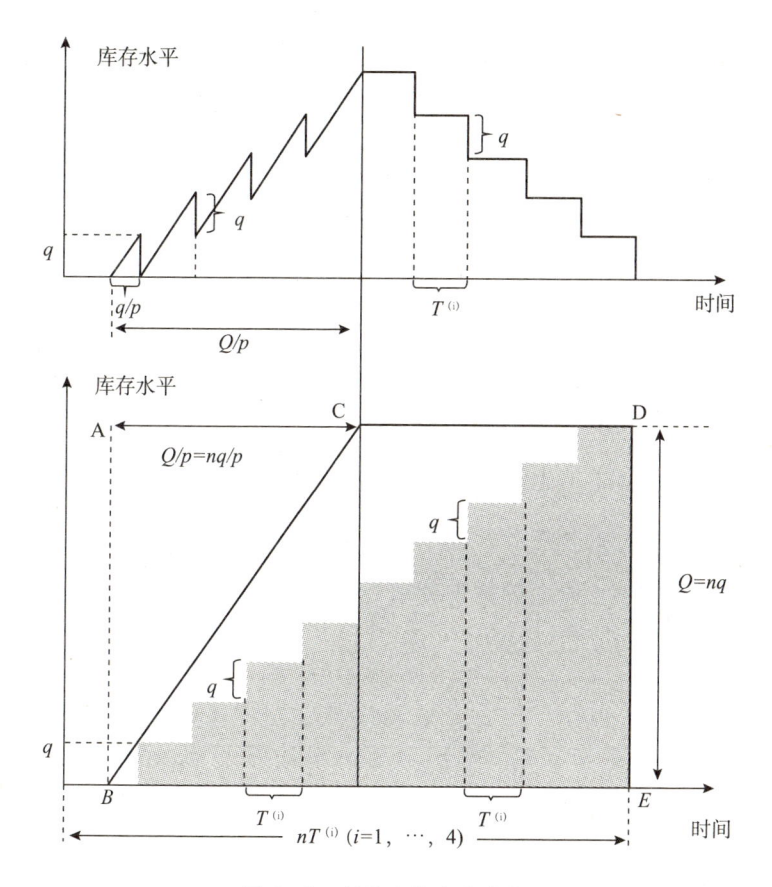

第 6 章 考虑质量信息分享的生产 – 库存联合优化模型

图 6 – 2 制造商的库存变化

$$IC_m^{(i)} = \frac{h_m(\Box BCDE - 阴影区域)}{nT^{(i)}}$$

$$= \frac{h_m\left(\left\{nq\left[\frac{q}{p} + (n-1)T^{(i)}\right] - \frac{nq(nq/p)}{2}\right\} - T^{(i)}[q + 2q + \cdots + (n-1)q]\right)}{nT^{(i)}}$$

$$= h_m\left[\frac{(n-1)q}{2} - \frac{(n-2)q^2}{2pT^{(i)}}\right] \tag{6-2}$$

式中：$i = 1, \cdots, 4$ 分别代表四种情形。

情形 1：制造商质量水平较高且进行质量分享，即 $0 < \gamma_o \leq \gamma_l$

在此情形下，制造商的质量水平达到分销商的免检要求，因为制造商将其质量信息进行分享，分销商可以清楚了解制造商的质量水平，因此在这种情形下就不用考虑制造商的质量承诺成本和分销商的质量检验成本,但是要考虑顾客对缺陷品的惩罚成本。在这种情况下,两次连续供货的间隔为 $T^{(1)} = q/d$,将 $T^{(1)}$ 代入式(6-2)就可以得到情形1时制造商的平均总库存成本:

$$IC_m^{(1)} = h_m \left[\frac{(n-1)q}{2} - \frac{(n-2)qd}{2p} \right] \quad (6-3)$$

综合考虑制造商的生产准备成本和库存成本,可以得到制造商在一个订货周期的平均总成本为

$$TC_m^{(1)} = \frac{c_s}{nT^{(1)}} + IC_m^{(1)} = \frac{c_s d}{nq} + h_m \left[\frac{(n-1)q}{2} - \frac{(n-2)qd}{2p} \right] \quad (6-4)$$

对于分销商而言,由于取消了质量检验过程,因此每次供货中缺陷品将与完美品一样用于满足顾客需求,这样就导致部分缺陷品被交付给顾客,并由此产生了顾客索赔成本,每次供货中分销商的库存变化如图6-3所示。此时分销商的平均总库存成本可计算为

$$IC_r^{(1)} = \frac{h_{b1}\left(\frac{1}{2} \times q \times T^{(1)} - \frac{1}{2} \times \gamma_o q \times T^{(1)}\right) + h_{b2}\left(\frac{1}{2} \times \gamma_o q \times T^{(1)}\right)}{T^{(1)}}$$

$$= \frac{h_{b1}(1-\gamma_o)q + h_{b2}\gamma_o q}{2} \quad (6-5)$$

另外考虑到分销商的订货成本 c_o、运输成本 c_f、顾客索赔成本 $c_p\gamma_o q$ 以及平均库存总成本 $IC_r^{(1)}$,就可以得到分销商的平均总成本函数为

$$TC_r^{(1)} = \frac{c_o}{nT^{(1)}} + \frac{c_f}{T^{(1)}} + \frac{c_p\gamma_o q}{T^{(1)}} + IC_r^{(1)}$$

$$= \frac{c_o d}{nq} + \frac{c_f d}{q} + c_p\gamma_o d + \frac{h_{b1}(1-\gamma_o)q + h_{b2}\gamma_o q}{2} \quad (6-6)$$

则生产-库存系统的平均总成本为

$$ETC^{(1)}(n,q) = TC_m^{(1)} + TC_r^1$$

$$= \frac{(c_s + c_o + nc_f)d}{nq} + c_p\gamma_o d + h_m\left[\frac{(n-1)q}{2} - \frac{(n-2)qd}{2p}\right]$$

$$+ \frac{h_{b1}(1-\gamma_o)q + h_{b2}\gamma_o q}{2} \quad (6-7)$$

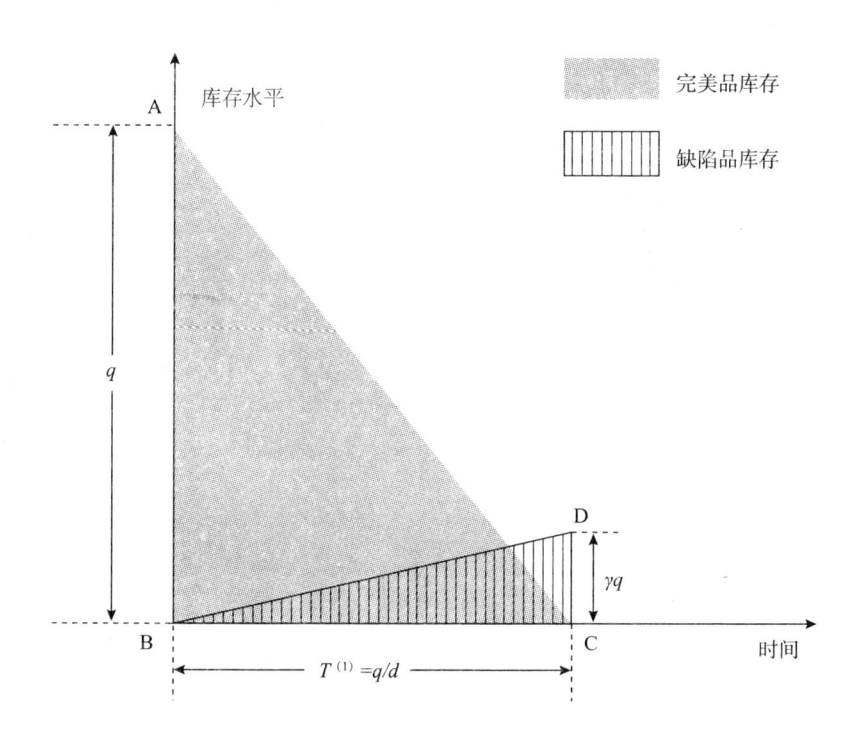

图6-3 有质量信息分享时分销商的库存变化

情形2：制造商质量水平较高但是不分享质量信息，即 $0 < \gamma_o \leq \gamma_l$

在这种情形下，质量水平是制造商的私有信息，而分销商没法知道制造商的质量水平（即缺陷率），因此无论制造商的质量水平是否达到免检水平，分销商都会对制造商的每次供货进行质量检验。制造商要为检验出来的缺陷品支付质量保证成本。由于制造商和分销商的库存变化如 Huang（2004）中所阐述的那样（分销商的库存变化如图6-4所示），其中 $T^{(2)} = (1-\gamma_o)q/d$，因此联合生产-库存系统的平均总成本为

$$ETC^{(2)}(n,q) = \frac{(c_s + c_o + nc_f)d}{(1-\gamma_o)nq} + \frac{(c_k + c_w\gamma_o)d}{1-\gamma_o} + h_m\left[\frac{(n-1)q}{2} - \frac{(n-2)qd}{2(1-\gamma_o)p}\right]$$
$$+ \frac{h_{b1}(1-\gamma_o)q}{2} + \frac{h_{b2}\gamma_o qd}{k(1-\gamma_o)} \quad (6-8)$$

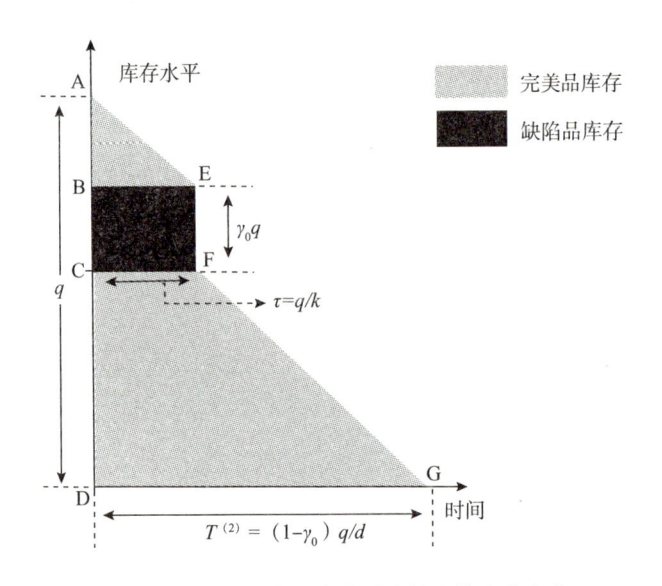

图 6-4 无质量信息分享时分销商的库存变化

情形 3：制造商质量水平较低且进行质量信息分享，即 $\gamma_o > \gamma_l$

在这种情况下，由于制造商的质量水平达不到免检的要求，为了避免分享过低的质量水平信息而导致分销商对产品质量的担忧，制造商会先对其生产过程进行改进来提高其产品质量。当改进后制造商的产品质量达到或超过分销商的免检要求时，制造商才会将其质量信息分享给分销商，而分销商在清晰了解到制造商的信息后就不用进行质量检验过程。因此在此情况下，制造商需要承担质量改进的投资成本，分销商可以节省质量检验成本但需承担顾客对缺陷品的索赔成本。

制造商对分销商相邻两次供货的间隔为 $T^{(3)} = q/d$，分销商的库存变化与情形 1 中分销商的库存变化相似，但此时制造商的缺陷品率为 γ_g（即进行质量改进投资后的质量水平），因此可以得到分销商的平均总成本为

$$TC_r^{(3)} = \frac{c_o}{nT^{(3)}} + \frac{c_f}{T^{(3)}} + \frac{c_p \gamma_g q}{T^{(3)}} + IC_r^{(3)}$$

$$= \frac{c_o d}{nq} + \frac{c_f d}{q} + c_p \gamma_g d + \frac{h_{b1}(1-\gamma_g)q + h_{b2}\gamma_g q}{2} \quad (6-9)$$

对于制造商而言，与情形 1 相比，需要增加质量改进成本，制造商通过

质量投资将其缺陷率从 γ_o 降到 $\gamma_g(\gamma_g \leqslant \gamma_l)$ 需要投资 $I(\gamma_o,\gamma_g)$，由此产生投资的机会损失成本为 $\theta I(\gamma_o,\gamma_g)T^{(3)}$，因此制造商的平均总成本为

$$TC_m^{(3)} = \frac{c_s}{nT^{(3)}} + \frac{\theta I(\gamma_o,\gamma_g)T^{(3)}}{nT^{(3)}} + IC_m^{(3)}$$

$$= \frac{c_s}{nq} + \frac{\theta ln(\gamma_o/\gamma_g)}{\delta n} + h_m\left[\frac{(n-1)q}{2} - \frac{(n-2)qd}{2(1-\gamma_g)p}\right] \quad (6-10)$$

因此，可以得到此情形下的联合生产-库存系统的平均总成本为

$$ETC^{(3)}(n,q,\gamma_g) = TC_m^{(3)} + TC_r^{(3)}$$

$$= \frac{(c_s + c_o + nc_f)d}{nq} + c_p\gamma_g d + \frac{\theta ln(\gamma_o/\gamma_g)}{\delta n}$$

$$+ \frac{h_{b1}(1-\gamma_g)q + h_{b2}\gamma_g q}{2} + h_m\left[\frac{(n-1)q}{2} - \frac{(n-2)qd}{2(1-\gamma_g)p}\right]$$

$$(6-11)$$

情形 4：制造商质量水平较低且不分享质量信息，即 $\gamma_o > \gamma_l$

与情形 2 相似，在这种情形下，分销商无法获知制造商的质量水平，因此必然会对制造商的每次供货进行质量检验，但是制造商可以通过质量投资来提高其质量水平，减少相应的质量保证成本，也可以达到降低生产-库存系统总成本的目的。制造商通过质量投资将缺陷率从 γ_o 降到 $\gamma_g(\gamma_g \leqslant \gamma_l)$ 需要投资 $I(\gamma_o,\gamma_g)$，由此产生投资的机会损失成本为 $\theta I(\gamma_o,\gamma_g)T^{(4)}$，而制造商向分销商的供货时间间隔为 $T^{(4)} = (1-\gamma_g)q/d$。

制造商的平均总成本由生产准备成本、质量保证成本、质量投资成本和库存成本所组成，具体计算如下：

$$TC_m^{(4)} = \frac{c_s}{nT^{(4)}} + \frac{c_w\gamma_g q}{T^{(4)}} + \frac{\theta I(\gamma_o,\gamma_g)T^{(4)}}{nT^{(4)}} + IC_m^{(4)}$$

$$= \frac{c_s d}{(1-\gamma_g)nq} + \frac{c_w\gamma_g d}{1-\gamma_g} + \frac{\theta ln(\gamma_o/\gamma_g)}{\delta n} + h_m\left[\frac{(n-1)q}{2} - \frac{(n-2)qd}{2(1-\gamma_g)p}\right]$$

$$(6-12)$$

分销商的库存变化与情形 2 中相同，分销商的平均总成本由订货成本、运

输成本、质量检查成本和库存成本所组成，具体如下：

$$TC_r^{(4)} = \frac{c_o}{nT^{(4)}} + \frac{c_f}{T^{(4)}} + \frac{c_k q}{T^{(4)}} + IC_r^{(4)}$$

$$= \frac{(c_o + nc_f)d}{(1-\gamma_g)nq} + \frac{c_k d}{1-\gamma_g} + \frac{h_{b1}(1-\gamma_g)q}{2} + \frac{h_{b2}\gamma_g dq}{k(1-\gamma_g)} \quad (6-13)$$

由此，可以得到联合生产-库存系统的平均总成本为

$$ETC^{(4)}(n,q,\gamma_g)$$

$$= TC_m^{(4)} + TC_r^{(4)}$$

$$= \frac{(c_s + c_o + nc_f)d}{(1-\gamma_g)nq} + \frac{(c_w\gamma_g + c_k)d}{1-\gamma_g} + \frac{\theta \ln(\gamma_o/\gamma_g)}{\delta n}$$

$$+ h_m\left[\frac{(n-1)q}{2} - \frac{(n-2)qd}{2(1-\gamma_g)p}\right] + \frac{h_{b1}(1-\gamma_g)q}{2} + \frac{h_{b2}\gamma_g dq}{k(1-\gamma_g)} \quad (6-14)$$

性质 6.1：当给定 n 时，$ETC^{(i)}$ 是关于 q 的凸函数（$i=1,\cdots,4$）。

证明：将式（6-7）进行整理，可以得到

$$ETC^{(1)} = \frac{1}{q}\frac{(c_s + c_o + nc_f)d}{n} + c_p\gamma_o d$$

$$+ q\left\{h_m\left[\frac{n-1}{2} - \frac{(n-2)d}{2p}\right] + \frac{h_{b1}(1-\gamma_o) + h_{b2}\gamma_o}{2}\right\} \quad (6-15)$$

当给定 n 时，$ETC^{(1)}$ 关于 q 的一阶和二阶偏导数分别为

$$\frac{\partial ETC^{(1)}}{\partial q} = -\frac{1}{q^2}\frac{(c_s + c_o + nc_f)d}{n} + h_m\left[\frac{n-1}{2} - \frac{(n-2)d}{2p}\right]$$

$$+ \frac{h_{b1}(1-\gamma_o) + h_{b2}\gamma_o}{2} \quad (6-16)$$

$$\frac{\partial^2 ETC^{(1)}}{\partial q^2} = \frac{2}{q^3}\frac{(c_s + c_o + nc_f)d}{n} > 0 \quad (6-17)$$

由于 $ETC^{(2)}$ 与 Huang（2004）中的期望平均总成本是相同的，而在 Huang（2004）中已经证明了 $ETC^{(2)}$ 是关于 q 的凸函数。

同理，通过对式（6-11）进行整理，可以得到

$$ETC^{(3)} = \frac{1}{q}\frac{(c_s + c_o + nc_f)d}{n} + c_p\gamma_g d + \frac{\theta \ln(\gamma_o/\gamma_g)}{\delta n}$$

$$+ q\left\{h_m\left[\frac{(n-1)}{2} - \frac{(n-2)d}{2(1-\gamma_g)p}\right] + \frac{h_{b1}(1-\gamma_g) + h_{b2}\gamma_g}{2}\right\} \quad (6-18)$$

由此，可以得到

$$\frac{\partial ETC^{(3)}}{\partial q} = -\frac{1}{q^2}\frac{(c_s + c_o + nc_f)d}{n} + h_m\left[\frac{(n-1)}{2} - \frac{(n-2)d}{2(1-\gamma_g)p}\right] + \frac{h_{b1}(1-\gamma_g) + h_{b2}\gamma_g}{2}$$
$$(6-19)$$

$$\frac{\partial^2 ETC^{(3)}}{\partial q^2} = \frac{2}{q^3}\frac{(c_s + c_o + nc_f)d}{n} > 0 \quad (6-20)$$

通过对式（6-14）进行整理，可以得到 $ETC^{(4)}$ 关于 q 的一阶和二阶条件为

$$\frac{\partial ETC^{(4)}}{\partial q} = -\frac{1}{q^2}\frac{(c_s + c_o + nc_f)d}{(1-\gamma_g)n} + h_m\left[\frac{n-1}{2} - \frac{(n-2)d}{2(1-\gamma_g)p}\right]$$
$$+ \frac{h_{b1}(1-\gamma_g)}{2} + \frac{h_{b2}\gamma_g d}{k(1-\gamma_g)} \quad (6-21)$$

$$\frac{\partial^2 ETC^{(4)}}{\partial q^2} = \frac{2}{q^3}\frac{(c_s + c_o + nc_f)d}{(1-\gamma_g)n} > 0 \quad (6-22)$$

综上所述，对于任意 $0 < i \leq 4$，都有 $\partial^2 ETC^{(i)}/\partial q^2 > 0$ 成立，因此可知给定 n 时，$ETC^{(i)}$ 是关于 q 的凸函数。

由性质6.1我们可以得到四种情形下每次供货的最优批量分别为：

当 $\gamma_o \leq \gamma_l$ 时，

$$q_1^*(n) = \sqrt{\frac{(c_s + c_o + nc_f)d/n}{h_m\left[\frac{(n-1)}{2} - \frac{(n-2)d}{2p}\right] + \frac{h_{b1}(1-\gamma_o) + h_{b2}\gamma_o}{2}}} \quad (6-23)$$

$$q_2^*(n) = \sqrt{\frac{(c_s + c_o + nc_f)d/[(1-\gamma_o)n]}{h_m\left[\frac{(n-1)}{2} - \frac{(n-2)d}{2(1-\gamma_o)p}\right] + \frac{h_{b1}(1-\gamma_o)}{2} + \frac{h_{b2}\gamma_o d}{k(1-\gamma_o)}}} \quad (6-24)$$

当 $\gamma_o > \gamma_l$ 时，

$$q_3^*(n, \gamma_g) = \sqrt{\frac{(c_s + c_o + nc_f)d/n}{h_m\left[\frac{(n-1)}{2} - \frac{(n-2)d}{2(1-\gamma_g)p}\right] + \frac{h_{b1}(1-\gamma_g) + h_{b2}\gamma_g}{2}}} \quad (6-25)$$

$$q_4^*(n,\gamma_g) = \sqrt{\frac{(c_s+c_o+nc_f)d/[(1-\gamma_g)n]}{h_m\left[\frac{(n-1)}{2}-\frac{(n-2)d}{2(1-\gamma_g)p}\right]+\frac{h_{b1}(1-\gamma_g)}{2}+\frac{h_{b2}\gamma_g d}{k(1-\gamma_g)}}} \quad (6-26)$$

根据以上说明，我们可以给出求解本章模型的迭代算法如下。

步骤 1：给定 γ_o 与 γ_l，如果 $\gamma_o \leqslant \gamma_l$，转到步骤 2；否则转到步骤 3；

步骤 2：令 $i = 1$；

步骤 2-1：令 $n = 1$；

步骤 2-2：如果 $i = 1$，则利用式（6-23）计算每次供货最优的供货量 $q_i^*(n)$，并根据式（6-7）计算相应的平均总成本 $ETC^{(i)}(n, q_i^*(n))$，跳转到步骤 2-3；如果 $i = 2$，则利用式（6-24）计算每次供货最优的供货量 $q_i^*(n)$，并根据式（6-8）计算相应的平均总成本 $ETC^{(i)}(n, q_i^*(n))$，跳转到步骤 2-3；

步骤 2-3：设 $n = n+1$，重复步骤 2-2 来求得不同 n 值下相应的 $q_i^*(n)$ 和 $ETC^{(i)}(n, q_i^*(n))$，跳转到步骤 2-4；

步骤 2-4：如果 $ETC^{(i)}(n, q_i^*(n)) > ETC^{(i)}(n-1, q_i^*(n))$，则返回步骤 2-3，否则转到步骤 2-5；

步骤 2-5：令 $ETC^{(i)}(n^*, q_i^*(n^*)) = ETC^{(i)}(n-1, q_i^*(n))$，此时 n^*, q_i^* 为情形 i 的最优解，对应的联合库存系统的平均总成本为 $ETC^{(i)}(n^*, q_i^*(n^*))$，跳转到步骤 2-6；

步骤 2-6：如果 $i < 2$，令 $i = i+1$ 跳转到步骤 2-1，否则退出计算。

步骤 3：将 $(0, \gamma_l]$ 分为 m 等份，并令 $\gamma_g(j) = j\gamma_l/m(j = 1, \cdots, m)$，令 $i = 3$ 和 $j = 1$；

步骤 3-1：令 $n = 1$；

步骤 3-2：如果 $i = 3$，则利用式（6-25）计算每次供货最优的供货量 $q_i^*(n, \gamma_g)$，并根据式（6-11）计算相应的平均总成本 $ETC^{(i)}(n, q_i^*(n), \gamma_g)$，跳转到步骤 3-3；如果 $i = 4$，则利用式（6-26）计算每次供货最优的供货量 $q_i^*(n, \gamma_g)$，并根据式（6-14）计算相应的平均总成本 $ETC^{(i)}(n, q_i^*(n), \gamma_g)$，

跳转到步骤 3-3；

步骤 3-3：设 $n = n+1$，重复步骤 3-2 来求得不同 n 值下相应的 $q_i^*(n, \gamma_g)$ 和 $ETC^{(i)}(n, q_i^*(n), \gamma_g)$，跳转到步骤 3-4；

步骤 3-4：如果 $ETC^{(i)}(n, q_i^*(n, \gamma_g), \gamma_g) > ETC^{(i)}(n-1, q_i^*(n-1, \gamma_g), \gamma_g)$，则返回步骤 3-3，否则转到步骤 3-5；

步骤 3-5：令 $ETC^{(i)}(n^*, q_i^*(n^*, \gamma_g), \gamma_g) = ETC^{(i)}(n-1, q_i^*(n-1, \gamma_g), \gamma_g)$，此时 n^*, q_i^* 为情形 i 下，缺陷率为 γ_g 时的最优解，对应的联合库存系统的平均总成本为 $ETC^{(i)}(n^*, q_i^*(n^*, \gamma_g), \gamma_g)$，跳转到步骤 3-6；

步骤 3-6：如果 $j < m$，令 $j = j+1$，计算 $\gamma_g(j) = j\gamma_l/m$，跳转到步骤 3-1；否则计算 $ETC^{(i)}(n^*, q_i^*(n^*, \gamma_g^*), \gamma_g^*) = \min_j \{ETC^{(i)}(n^*, q_i^*(n^*, \gamma_g^*(j)), \gamma_g^*(j))\}$，则 n^*, q_i^*, γ_g^* 就是第 i 种情形下的最优解，而 $ETC^{(i)}(n^*, q_i^*(n^*, \gamma_g^*), \gamma_g^*)$ 为相应的最优平均总成本，跳转到步骤 3-7；

步骤 3-7：如果 $i < 4, i = i+1$，跳转到步骤 3-1，否则退出计算。

6.4 数值计算

本节将通过数值算例来考察本章中所构造的考虑质量信息分享的生产-库存联合优化模型，为此，我们将通过对比上一节中所考虑的四种情形来分析制造商的缺陷率大于或小于分销商免检所要求的缺陷品率的两种情况下，制造商的质量信息分享的最优策略。模型的相关参数赋值如下所示。

需求率，$d = 1000$ 单位/年；

生产率，$p = 2000$ 单位/年；

生产准备成本，$c_s = \$200/$次；

订货成本，$c_o = \$50/$次；

质量检验费用，$c_k = \$0.3/$单位/年；

运输固定成本，$c_f = \$10/$次；

顾客索赔成本，$c_p = \$10/$单位/年；

质量保证（承诺）成本，$c_w = \$0.5/$单位/年；

质量检验速率，$k = 3000$ 单位/年；

制造商的库存成本，$h_m = \$1.5/$单位/年；

分销商的完美品库存成本，$h_{b1} = \$2/$单位/年；

分销商的缺陷品库存成本，$h_{b2} = \$0.5/$单位/年；

分销商免检时所允许的缺陷品率，$\gamma_l = 0.005$；

质量改进投资资金机会成本系数，$\theta = 0.05$。

根据给出的相关参数值，并使用上一节所给出的算法对模型进行计算，在 $\gamma_o \leq \gamma_l$ 时制造商分享与不分享其质量信息的情形（即情形 1 和情形 2）的计算结果如表 6-1 所示。

表 6-1 当 $\gamma_o \leq \gamma_l$ 时情形 1 和情形 2 的计算结果

γ_o	c_p	情形 1 $n^{(1)}$	$q^{(1)}$	$ETC^{(1)}$	情形 2 $n^{(2)}$	$q^{(2)}$	$ETC^{(2)}$
0.005	10	8	321.281	3067.842	8	322.561	5610.709
	30	8	321.281	4067.842	8	322.561	5610.709
	50	8	321.281	5067.842	8	322.561	5610.709
0.003	10	8	321.221	2868.324	8	321.987	5593.998
	30	8	321.221	3468.324	8	321.987	5593.998
	50	8	321.221	4068.324	8	321.987	5593.998
0.001	10	8	321.161	2668.806	8	321.415	5577.349
	30	8	321.161	2868.806	8	321.415	5577.349
	50	8	321.161	3068.806	8	321.415	5577.349
0.0005	10	8	321.146	2618.926	8	321.273	5573.196
	30	8	321.146	2718.926	8	321.273	5573.196
	50	8	321.146	2818.926	8	321.273	5573.196
0.0003	10	8	321.140	2598.974	8	321.216	5571.536
	30	8	321.140	2658.974	8	321.216	5571.536
	50	8	321.140	2718.974	8	321.216	5571.536
0.0001	10	8	321.134	2579.022	8	321.159	5569.876
	30	8	321.134	2599.022	8	321.159	5569.876
	50	8	321.134	2619.022	8	321.159	5569.876

从表 6-1 我们可以看到在 $\gamma_o \leq \gamma_l$ 的条件下，无论制造商分享与不分享信息，其最优的运输次数 n 不变，都为 8 次。而在相同的缺陷品率下，最优的供货量 q 和第二种情形下最优平均总成本 $ETC^{(2)}$ 不跟随顾客单位索赔成本 c_p 的变化而变化，而第一种情形下的最优平均总成本 $ETC^{(1)}$ 则随着单位惩罚成本 c_p 的增大而增加。这是因为在第一种情形下由于制造商分享其质量信息，并且其质量水平达到分销商的免检水平，基于此，分销商不对制造商的每次供货进行质量检查，这就产生了顾客对缺陷品的索赔成本。因此当顾客对缺陷品的单位索赔成本 c_p 提高时，其对应的联合库存系统的平均总成本也相应地提高。而在第二种情形下，由于制造商不分享其质量信息，分销商必然会对制造商的供货进行质量检验（即使制造商的产品质量水平达到了免检要求），就可以避免缺陷品被供应给顾客，也就不会产生顾客对缺陷品的索赔成本。即第二种情形下，联合库存系统的平均总成本 $ETC^{(2)}$ 与顾客对缺陷品的单位索赔成本 c_p 无关。

当制造商的缺陷品率达到分销商的质量免检要求后，缺陷品率越小，无论制造商是否分享其质量信息，联合系统的平均总成本都会变小，这就给了制造商不断提高其产品质量、减低其缺陷品率的动力；同时，分销商也应该给予制造商相关的鼓励来促使其提高产品质量。通过对比第一种情形和第二种情形下联合系统的平均总成本，我们发现，对于相同的缺陷品率 $\gamma_o(\gamma_o \leq \gamma_l)$，制造商进行质量信息的分享要比不分享更能节约成本。因此，当制造商的质量水平较高时（即能达到分销商的质量要求），制造商的最优策略无疑是将质量信息分享给分销商。

对于 $\gamma_o > \gamma_l$，即制造商的质量水平偏低不能达到分销商的免检要求时，制造商为了能够进行质量信息的分享，会对其生产过程进行投资来提高产品质量水平，这里将制造商投资后其缺陷品率可能的区间 $(0, \gamma_l]$ 分为 $m = 500$ 份来进行求解。也即制造商质量改进投资后的缺陷品率可能为 $\gamma_g(j) = j\gamma_l/m$，其中 $j = 1, \cdots, m$。根据上一节的迭代求解步骤，我们可以得到在情形 3 和情形 4 下的相关结果，如表 6-2 所示。

表6-2 当 $\gamma_o > \gamma_l$ 时情形3和情形4的计算结果

θ	c_k	c_p	$n^{(3)}$	$\gamma_g^{(3)}$	$q^{(3)}$	$ETC^{(3)}$	质量投资成本	索赔成本	$n^{(4)}$	$\gamma_g^{(4)}$	$q^{(4)}$	$ETC^{(4)}$	质量投资成本	检验成本
0.05	0.005	10	9	0.00011	293.86	2650.09*	67.99	11.00	9	0.00208	294.40	2667.62	35.33	50.10
		30	10	0.00003	271.45	2661.91*	74.19	9.00	9	0.00208	294.40	2667.62	35.33	50.10
		50	10	0.00002	271.45	2666.98*	78.24	10.00	9	0.00208	294.40	2667.62	35.33	50.10
	0.008	10	9	0.00011	293.86	2650.09*	67.99	11.00	9	0.00207	294.40	2697.68	35.38	80.17
		30	10	0.00003	271.45	2661.91*	74.19	9.00	9	0.00207	294.40	2697.68	35.38	80.17
		50	10	0.00002	271.45	2666.98*	78.24	10.00	9	0.00207	294.40	2697.68	35.38	80.17
	0.01	10	9	0.00011	293.86	2650.09*	67.99	11.00	9	0.00206	294.40	2717.73	35.44	100.21
		30	10	0.00003	271.45	2661.91*	74.19	9.00	9	0.00206	294.40	2717.73	35.44	100.21
		50	10	0.00002	271.45	2666.98*	78.24	10.00	9	0.00206	294.40	2717.73	35.44	100.21
0.08	0.005	10	10	0.00016	271.47	2686.51*	91.91	16.00	9	0.00332	294.73	2687.13	48.21	50.17
		30	10	0.00005	271.45	2704.23	110.52	15.00	9	0.00332	294.73	2687.13*	48.21	50.17
		50	10	0.00003	271.45	2712.43	118.70	15.00	9	0.00332	294.73	2687.13*	48.21	50.17
	0.008	10	10	0.00016	271.47	2686.51*	91.91	16.00	9	0.0033	294.72	2717.23	48.32	80.26
		30	10	0.00005	271.45	2704.23*	110.52	15.00	9	0.0033	294.72	2717.23	48.32	80.26
		50	10	0.00003	271.45	2712.43*	118.70	15.00	9	0.0033	294.72	2717.23	48.32	80.26
	0.01	10	10	0.00016	271.47	2686.51*	91.91	16.00	9	0.00329	294.72	2737.30	48.38	100.33
		30	10	0.00005	271.45	2704.23*	110.52	15.00	9	0.00329	294.72	2737.30	48.38	100.33
		50	10	0.00003	271.45	2712.43*	118.70	15.00	9	0.00329	294.72	2737.30	48.38	100.33
0.10	0.005	10	10	0.0002	271.47	2708.98	110.43	20.00	9	0.00415	294.95	2698.67*	55.31	50.21
		30	11	0.00006	252.71	2730.41	122.28	18.00	9	0.00415	294.95	2698.67*	55.31	50.21
		50	11	0.00004	252.71	2739.80	129.65	20.00	9	0.00415	294.95	2698.67*	55.31	50.21
	0.008	10	10	0.0002	271.47	2708.98*	110.43	20.00	9	0.00412	294.94	2728.80	55.47	80.33
		30	11	0.00006	252.71	2730.41	122.28	18.00	9	0.00412	294.94	2728.80*	55.47	80.33
		50	11	0.00004	252.71	2739.80	129.65	20.00	9	0.00412	294.94	2728.80*	55.47	80.33
	0.01	10	10	0.0002	271.47	2708.98*	110.43	20.00	9	0.00411	294.94	2748.88	55.52	100.41
		30	11	0.00006	252.71	2730.41*	122.28	18.00	9	0.00411	294.94	2748.88	55.52	100.41
		50	11	0.00004	252.71	2739.80*	129.65	20.00	9	0.00411	294.94	2748.88	55.52	100.41
0.15	0.005	10	11	0.00028	252.73	2759.31	141.41	28.00	10	0.005	272.68	2724.44*	69.08	50.25
		30	12	0.00008	236.78	2789.34	160.94	24.00	10	0.005	272.68	2724.44*	69.08	50.25
		50	12	0.00005	236.78	2802.12	172.69	25.00	10	0.005	272.68	2724.44*	69.08	50.25
	0.008	10	11	0.00028	252.73	2759.31	141.41	28.00	10	0.005	272.68	2754.60*	69.08	80.40
		30	12	0.00008	236.78	2789.34	160.94	24.00	10	0.005	272.68	2754.60*	69.08	80.40
		50	12	0.00005	236.78	2802.12	172.69	25.00	10	0.005	272.68	2754.60*	69.08	80.40
	0.01	10	11	0.00028	252.73	2759.31*	141.41	28.00	10	0.005	272.68	2774.70	69.08	100.50
		30	12	0.00008	236.78	2789.34	160.94	24.00	10	0.005	272.68	2774.70*	69.08	100.50
		50	12	0.00005	236.78	2802.12	172.69	25.00	10	0.005	272.68	2774.70*	69.08	100.50

注：*号表示两种情形中的最优值。

从表6-2可以发现在质量改进投资的机会成本系数 θ 较小（如 $\theta=0.05$）

时，制造商进行质量信息分享的联合系统平均总成本 $ETC^{(3)}$ 要比制造商不进行质量信息分享下的平均总成本 $ETC^{(4)}$ 小，这就表示当每单位的投资产生的成本较小时，制造商更愿意进行质量改进的投资来降低其缺陷品率，并会倾向于将其缺陷品率降低到远比分销商免检水平小的水平上（如 $\gamma_g^{(3)} = 0.00011 \ll \gamma_l$）。也就是说，由于能以较小的成本来获得较大的质量改进，即使分销商不进行质量检查，交付到顾客手中的缺陷品数量也大大减少，这样一方面节省了质量检验成本，另一方面只产生了较小的索赔成本，从而降低了系统的总成本，因此制造商更愿意进行质量分享。但是随着 θ 的增大，不分享质量信息逐渐成了制造商的最优决策，因此在较大的 θ 以及较小的 c_k 值的情况下，不分享质量信息情形下的联合库存平均总成本要比分享质量信息情形下的联合库存平均总成本要小。这是因为在情形 3 中，质量投资相关成本占总成本的比例要比情形 4 中的比例大，因此 θ 较大时，情形 3 中的平均总成本会增加较多。而情形 4 中，总成本中较大的部分是质量检查的成本（质量检验的成本比质量投资相关成本要大），因此在 θ 较大和 c_k 值较小时，制造商会偏向于不分享其质量信息。

另外，在相同的机会成本系数 θ 的情况下，情形 3（制造商进行质量分享）中由于制造商的质量改进投入和其分享策略，分销商可以取消其质量检验过程，但因部分的缺陷品被供给顾客而产生了顾客索赔成本，因此在这种情形下，联合系统的平均总成本 $ETC^{(3)}$ 就只与质量改进投资成本系数 θ 和单位索赔成本 c_p 有关，而与单位质量检验成本 c_k 无关。基于此，$ETC^{(3)}$ 不随 c_k 的变化而变化，但是会随着 c_p 的增大而增大。同理，在情形 4（制造商不分享质量信息）中，平均总成本 $ETC^{(4)}$ 只与质量改进投资的参数 θ 和质量检验单位成本 c_k 相关，并随着 c_k 的增大而增大。

综上所述，制造商在其质量水平较高（即较低的缺陷品率）时会毫不犹豫地选择质量信息分享，而在其质量水平较低并需要进行质量改进投资来提高质量水平时，则会根据质量改进投资成本和质量检验成本的相关系数选择分享或不分享其质量信息。

6.5 本章小结

以往的生产－库存联合优化模型中，制造商的质量信息（缺陷品率）都是作为公共信息来考虑。在本章中，我们研究了当制造商的缺陷品率为其私有信息，除非制造商进行分享否则分销商无法观察到的情形，分析了当制造商的生产过程不完善时，制造商如何根据其自身的质量水平确定质量信息分享策略使联合系统的整体总成本最优。根据制造商的缺陷品率和制造商的质量信息分享策略的不同，我们建立了四种情形下的联合生产－库存模型，分别是：①制造商的质量水平达到了分销商的免检水平，制造商进行质量信息分享，分销商取消其质量检验过程；②制造商的质量水平达到分销商的免检水平，但是制造商并不分享其私有的质量信息，分销商将对制造商的供货进行质量检验；③制造商的质量水平低于分销商的免检要求，制造商需要对其生产过程进行投资改进来提高其质量，在达到或超过分销商的要求后再进行质量信息的分享；④制造商在质量水平低于分销商的免检要求情形下进行质量改进投资，但是不进行质量信息的分享，分销商将对制造商的供货进行质量检验。通过对以上四种情形进行建模并进行数值计算，我们发现在基于质量信息分享策略的生产－库存联合优化模型中，当制造商的质量水平较高（超过分销商的免检要求）时，制造商进行质量信息分享能得到较小的联合库存的平均总成本，因此制造商此时的最优策略是进行质量分享。但是当制造商的质量水平较低时，无论是分享和不分享质量信息，制造商都有动力对其生产过程进行改进投资来降低缺陷品率，因为提高产品质量有利于降低整个联合系统的总成本。至于在这种情况下是否进行质量信息的分享，制造商须根据质量改进投资的成本系数和质量检验的单位成本等参数来确定。当质量改进投资的成本系数较小或质量检验的单位成本较大时，制造商更愿意对分销商进行质量信息的分享。

第 7 章　总结与展望

7.1　全书总结

丰田生产方式越来越受到我国制造企业的欢迎，推行丰田的 JIT 生产方式可以获得低成本高品质的竞争优势，在剧烈的市场竞争中取得竞争优势。本书以单制造商单分销商组成的两级 JIT 生产 - 库存联合优化为研究对象，分析了制造商的不完善质量对生产 - 库存模型的影响。本书从缺陷品的处理方式、质量改进以及质量信息分享策略等方面出发，分别建立不同情况下的联合生产 - 库存模型，通过对模型中分销商的订货决策、制造商的生产决策和双方相关的质量决策进行分析和建模优化，为企业的决策提供了有力的依据。本书主要内容分为四个部分，每一部分的主要创新性研究工作和结论总结如下。

在第一部分内容中，我们考虑单制造商和单分销商组成的生产 - 库存系统，在此系统中，分销商在知悉制造商生产过程的不完善会导致质量问题的事实后，会对制造商的每次供货进行全数质量检验来甄别每次供货中的缺陷品。甄别出来的缺陷品累积成一个批次报废处理。在此情形下，为了减少缺陷品囤积带来的库存空间需求以及相应的缺陷品库存成本，我们对以往考虑缺陷品的库存模型中缺陷品一批次处理的假设进行放宽，考虑缺陷品的分批处理，建立了基于缺陷品分批处理的生产 - 库存联合优化模型，分析了在什么条件下进行缺陷品的分批处理要比缺陷品的一次处理更节约成本，给出了分批次数与每次处理成本之间的关系式和分批处理决策下的最优分批处理次数的计算方法。最后，通过算例对模型进行计算和验证。通过分析算例结果，我们得到如下的结论：首先，在缺陷品每次处理成本为零时，缺陷品的分批处理要比相似情况下进行一批处理得到更优的期望平均总成本；其次，当考虑缺陷品每次处理的成本时，较小的处理成本意味着缺陷品在分批处理策略下所得到的期望平均总成本比一批处理策略下所得到的期望平均总成本要小，随着单位处理成本增大，就必须权衡分批处理所带来的缺陷品库存的减少和处理成本的增加；再次，在缺陷品每次处理成本相同的条件下，期望平均总成本将随着缺陷品的单位库存成本的降低而降低，这是因为分批处理主要节省的是缺陷品的库存成本，缺陷品的单位库存成本越小，则联合生产－库存系统能够节省的库存成本也就越小；最后，供货批次并不会随着缺陷品的分批处理次数和每次处理成本的变化而变化。

与第一部分研究相似，第二部分的研究也主要是从分销商对缺陷品的处理角度考虑，与以往研究所假设的所有缺陷品都做报废处理不同，这里我们假设部分轻微缺陷品可以像完美质量产品那样满足顾客的需求，不过并不是所有的顾客都能接受这些"可接受的缺陷品"，这些"可接受的缺陷品"的存在会影响分销商用于满足顾客需求的完美质量产品的消耗，并会进一步影响到分销商的订货和库存变化。因此，在对问题进行相关的分析后，我们建立了"可接受的缺陷品"存在下的生产－库存联合优化模型，分析了"可接受的缺陷品"的比例和顾客对其的接受程度对联合库存的平均总成本的影响，并通过数值举例来进行计算和验证。通过对数值计算结果进行分析，我们得到如下的结论：首先，在"可接受的缺陷品"率不变的前提下，每次的运送量和期望平均总成本都会随着不接受"可接受的缺陷品"的顾客比例的增加而增加。在此情况下，分销商就可以通过质量承诺等方式来鼓励顾客接受这些产品，但是需要注意不要因为这些"可接受的缺陷品"而导致名誉损失和索赔成本。其次，在固定不接受"可接受的缺陷品"的顾客比例的情况下，每次的运送量和期望平均总成本都会随着"可接受的缺陷品"率的增加而减少。最后，我们发现送货次数与"可接受的缺陷品"是否存在无关。而对于同样的送货次数，考虑"可接受的缺陷品"的期望平均总成本要比不考虑"可接受的缺陷品"的期望平均总成本要小。

在第三部分中，我们从制造商与分销商买卖双方的整体出发，基于全面质量管理的持续改进思想，考虑了制造商与分销商共同努力来提高交付给顾客的产品质量。为了提高产品质量，制造商对其生产过程进行质量改进资金投入、分销商对其质量检验过程进行质量改进资金投入，然而由于质量改进投入资金的约束，制造商和分销商需要动态地、多周期地进行质量的持续改进。在对问题进行描述和分析后，我们建立了基于质量持续改进的生产－库存联合优化模型，权衡了制造商对其生产过程的改进投入、分销商对其检验过程的改进投入和缺陷品所带来的惩罚成本之间的关系。紧接着分析了分销商的不同质量检验对联合生产－库存系统的平均总成本在最优的生产和订货策略、最优的质量改进投入策略的影响，这里分销商不仅需决定其检验方式，还需要通过制定检验策略来增加制造商的改进动力。通过数值分析来进行计算和验证，我们得到如下的结论：首先，分销商的质量检验策略对制造商的质量改进投资有着重要的影响，分销商的质量检验过程中检验比例越高，制造商的质量改进投资过程就越早到达稳定状态，即后面再进行质量改进投资也不会有改进效果；其次，制造商的质量改进过程中每次能够投入的资金较小时，分销商质量检验中检查比例越高，能使联合生产－库存系统的表现更佳。通过对比不同的检验策略可以知道，不检验和全批检验是成本最经济的两种抽检策略；最后，由于分销商质量检查过程中的高抽检率能有效减少缺陷品流入顾客手中，因此当分销商采取高检查率时，制造商对其生产过程的质量改进力度就会减少，从而导致较高的缺陷品率。

在第四部分中，我们研究了考虑质量信息分享的生产－库存联合优化问题。分析了制造商根据其自身的质量水平选择不同的质量分享策略时所带来的分销商的检验成本、制造商的缺陷品保证成本以及顾客对缺陷品的惩罚成本的变化，并以此来确定使得联合生产－库存系统的整体总成本最优的质量信息分享策略,并由此建立了四种不同情形下的联合生产-库存模型。通过数值分析来计算和比较,我们得到如下的结论:首先,当制造商的质量水平较高(达到或超过分销商的免检要求)时,制造商进行质量信息分享能得到较小的生产-库存的平均总成本,因此制造商的最优策略是进行质量分享;其次,当制造商的质量水平较低时,无论是分享和不分享质量信息,制造商都会对其生产过程进行改进投资来降低缺陷品率,因此制造商可通过自身努力来提高整个供应链质量而达到降低成本的目的;最后,当制造商的质量水平较低时,制造商须根据质量改进投资的成本系数和质量检验的单位成本等参数来确定是否进行质量信息的分享,当质量改进投资的成本系数较小或质量检验的单位成本较大时,制造商更愿意对分销商进行质量信息的分享。分销商可通过分担质量改进投资成本或提高质量成本的分担比例来激励制造商进行质量信息分享。

7.2 研究展望

在本书的研究中,我们着重考虑JIT生产条件下生产-库存联合优化模型中缺陷品的处理方式、制造中的质量改进和质量信息分享对优化决策的影响,构建了相应的优化模型,得到了相应的结论。但是也存在一定的局限性,我们提出以下几个有待进一步深入研究的问题。

首先,在本书中,我们沿用一般联合生产-库存模型的确定性需求的假设,考虑的都是固定需求情形下不完善质量的联合生产-库存模型。这虽然有一定的普遍性,但是也可能会出现需求不确定的情况,比如说顾客对产品质量比较看重,产品的质量直接影响顾客的选择时,需求可能与产品的质量水平相关。因此,今后可考虑需求与质量水平相关的联合生产-库存模型。

其次,为了建模方便,本书只考虑单制造商单分销商的情形,虽然有一定的代表性,但是多制造商多分销商的情形也比较常见,因此分析不完善质量下的多制造商多分销商情形可能更符合企业的现实环境。特别是在一个组装企业多个供应商情况下,对供应商质量责任的区分以及质量成本的分担所带来运营决策的变化的研究，具有一定的迫切性。

  最后，在制造商的质量信息分享中，我们只考虑了质量信息的一次分享，这较为适合制造商和分销商是伙伴关系并相互信任的情形。如果制造商和分销商的关系不是那么紧密，那么就需要考虑制造商所分享的质量信息的质量，也即制造商所分享的质量信息的准确度。另外还可以考虑制造商每一周期的质量改进较大时，制造商对其分享的质量信息进行更新的情况下联合系统的运营决策变化。

参考文献

[1] AFFISCO J F, PAKNEJAD M J, NASRI F. Quality improvement and setup reduction in the joint economic lot size model [J]. European Journal of Operational Research, 2002, 142 (3): 497-508.

[2] AHIRE S L, LANDEROS R, GOLHAR D Y. Total quality management: a literature review and an agenda for future research [J]. Production and Operations Management, 1995, 4 (3): 277-306.

[3] BANERJEE A. A joint economic lot size model for purchaser and vendor [J]. Decision Sciences, 1986, 17 (3): 292-311.

[4] BANERJEE A, KIM S L. An integrated JIT inventory model [J]. International Journal of Operations & Production Management, 1995, 15 (9): 237-244.

[5] BEN-DAYA M, DARWISH M, ERTOGRAL K. The joint economic lot sizing problem: review and extensions [J]. European Journal of Operational Research, 2008, 185 (1): 726-742.

[6] BHUIYAN N, BAGHEL A. An overview of continuous improvement: from the past to the present [J]. Management Decision, 2005, 43 (5): 761-771.

[7] BOUSLAH B, GHARBI A, PELLERIN R. Joint optimal lot sizing and production control policy in an unreliable and imperfect manufacturing system [J]. International Journal of Production Economics, 2013, 144 (1): 143-156.

[8] CHAN W M, IBRAHIM R N, LOCHERT P B. A new EPQ model: integrating lower pricing, rework and reject situations [J]. Production Planning and Control, 2003, 14 (7): 588-595.

[9] CHAN W M, IBRAHIM R N, LOCHERT P B. A new EPQ model: integrating lower pricing,

rework and reject situations [J]. Production Planning & Control: The Management of Operations, 2003, 14 (7): 588 – 595.

[10] CHANG H C. Fuzzy opportunity cost for EOQ model with quality improvement investment [J]. International Journal of Systems Science, 2003, 34 (6): 395 – 402.

[11] CHAO G H, IRAVANI S M, SAVASKAN R C. Quality improvement incentives and production recall cost sharing contracts [J]. Management Science, 2009, 55 (7): 1122 – 1138.

[12] CHEN F, YU B. Quantifying the value of leadtime information in a single – location inventory system [J]. Manufacturing & Service Operations Management, 2005, 7 (2): 144 – 151.

[13] CHOI T M. Handbook of EOQ inventory problems: stochastic and deterministic models and applications [M]. New York: Springer – Verlag Inc, 2014.

[14] CHRISTOPHER M. Logistics and supply chain management [M]. 4th edition. India: Pearson Education, 2011.

[15] GIRI B C, ROY B. A vendor – buyer integrated production – inventory model with quantity discount and unequal sized shipments [J]. International Journal of Operational Research, 2013, 16 (1): 1 – 13.

[16] GIRI B C, SHARMA S. Lot sizing and unequal – sized shipment policy for an integrated production – inventory system [J]. International Journal of System Science, 2014, 45 (5): 888 – 901.

[17] GLOCK C H. The joint economic lot size problem: a review [J]. International Journal of Production Economics, 2012a (135): 671 – 686.

[18] GLOCK C H. A comparison of alternative delivery structures in a dual sourcing environment [J]. International Journal of Production Research, 2012b, 50 (1): 3095 – 3114.

[19] GOYAL S K. An integrated inventory model for a single supplier – single customer problem [J]. International Journal of Production Research, 1977 (15): 107 – 111.

[20] GOYAL S K. An integrated inventory model for a single supplier single customer problem: a comment [J]. Decision Science, 1988, 19 (1): 236 – 241.

[21] GOYAL S K. A one – vendor multi – buyer integrated inventory model: a comment [J]. European Journal of Operational Research, 1995, 82 (1): 209 – 210.

[22] GOYAL S K, NEBEBE F. Determination of economic production – shipment policy for a sin-

gle - vendor single - buyer system [J]. European Journal of Operational Research, 2000, 121 (1): 175 - 178.

[23] GOYAL S K, CARDENAS - BARRON L E. Note on: economic production quantity model for items with imperfect quality: a practical approach [J]. International Journal of Production Economics, 2002, 77 (1): 85 - 87.

[24] HADLEY G, WHITIN T. Analysis of inventory systems [M]. New Jersey: Prentice Hall, 1963.

[25] HARRIS F W. How much stock to keep on hand [J]. Factory, the magazine of management, 1913, 10 (3): 240 - 241.

[26] HILL R M. The single - vendor single - buyer integrated production - inventory model with a generalized policy [J]. European Journal of Operational Research, 1997, 97 (1): 493 - 499.

[27] HILL R M. The optimal production and shipment policy for the single - vendor single - buyer integrated production - inventory model [J]. International Journal of Production Research, 1999, 37 (1): 2463 - 2475.

[28] HILL R M, OMAR M. Another look at the single - vendor single - buyer integrated production - inventory problem [J]. International Journal of Production Research, 2006, 44 (4): 791 - 800.

[29] HO C H, GOYAL S K, OUYANG L Y et al. An integrated vendor - buyer inventory model with defective items and partial backlogging [J]. International Journal of Logistics Systems and Management, 2011, 8 (4): 377 - 391.

[30] HONG J D, HAYYA J C. Joint investment in quality improvement and setup reduction [J]. Computers & Operations Research, 1995, 22 (6): 567 - 574.

[31] HONG J D. Optimal production cycles, procurement schedules, and joint investment in an imperfect production system [J]. European Journal of Operational Research, 1997, 100 (3): 413 - 428.

[32] HOQUE M A, GOYAL S K. An optimal policy for a single - vendor single - buyer integrated production - inventory system with capacity constraint of the transportation equipment [J]. International Journal of Production Economics, 2000, 65 (1): 305 - 315.

[33] HOU K L, LIN L C. Optimal production run length and capital investment in quality im-

provement with an imperfect production process [J]. International Journal of System Science, 2004, 35 (2): 133 – 137.

[34] HSU J T, HSU L F. An EOQ model with imperfect quality items, inspection errors, shortage backordering, and sales returns [J]. International Journal of Production Economics, 2013, 143 (1): 162 – 170.

[35] HSU J T, HSU L F. An EOQ model with imperfect quality items, inspection errors, shortage backordering, and sales returns [J]. International Journal of Production Economics, 2013, 143 (1): 162 – 170.

[36] HSU J T, HSU L F. An integrated vendor – buyer cooperative inventory model in an imperfect production process with shortage backordering [J]. The International Journal of Advanced Manufacturing Technology, 2013, 65 (1): 493 – 505.

[37] HUANG C K. An integrated vendor – buyer cooperative inventory model for items with imperfect quality [J]. Production Planning & Control, 2002, 13 (1): 355 – 361.

[38] HUANG C K. An optimal policy for a single – vendor single – buyer integrated production – inventory problem with process unreliability consideration [J]. International Journal of Production Economics, 2004 (91): 91 – 98.

[39] JAIN A, MOINZADEH K. A supply chain model with reverse information exchange [J]. Manufacturing & Service Operations Management, 2005, 7 (4): 360 – 378.

[40] JURAN J M, GODFREY A B. Juran's quality handbook [M]. 5th ed. New York: McGraw – Hill, 1998.

[41] KANNAN V R, TAN K C. Just in time, total quality management, and supply chain management: understanding their linkages and impact on business performance [J]. Omega, 2005, 33 (2): 153 – 162.

[42] KAYA M, OZER O. Quality risk in outsourcing: Noncontractible production quality and private quality cost information [J]. Naval Research Logistics, 2009, 56 (7): 669 – 685.

[43] KELLER G, NOORI H. Impact of investing in quality improvement on the lot size model [J]. International Journal of Management Sciences, 1988, 15 (1): 595 – 601.

[44] KHAN M, JABER M Y, GUIFFRIDA A L et al. A review of the extensions of a modified EOQ model for imperfect quality items [J]. International Journal of Production Economics,

2011, 132 (1): 1-12.

[45] KHAN M, JABER M Y, AHMAD A R. Integrated supply chain model with errors in quality inspection and learning in production [J]. Omega, 2014, 42 (1): 16-24.

[46] KIM C H, HONG Y. An optimal production run length in deteriorating production process [J]. International Journal of Production Economics, 1999 (58): 183-189.

[47] LEE H L, ROSENBLATT M J. Simultaneous determination of production cycles and inspection schedules in a production system [J]. Management Science, 1987, 33 (9): 1125-1136.

[48] LEE H L, SO K C, TANG C S. The value of information sharing in a two-level supply chain [J]. Management Sciences, 2000, 46 (5): 626-643.

[49] LEE C H, RHEE B D, CHENG TCE. Quality uncertainty and quality-compensation contract for supply chain coordination [J]. European Journal of Operational Research, 2013, 228 (3): 582-591.

[50] LEE J S, PARK K S. Joint determination of production cycle and inspection intervals in a deteriorating production [J]. Journal of Operations Research Society, 1991, 42 (9): 775-783.

[51] LEE W J, KIM D, CABOT A V. Optimal demand rate, lot sizing and process reliability improvement decisions [J]. IIE Transactions, 1996, 28 (11): 941-952.

[52] LI L, MARKOWSKI C, XU L et al. TQM - A predecessor of ERP implementation [J]. International Journal of Production Economics, 2008, 115 (2): 569-580.

[53] LIAO S Q, ZEQUEIRA R I, SEIFERT R W. The value of updated information on future price behavior [J]. International Journal of Production Research, 2014, 52 (7): 2042-2061.

[54] LIM W S. Production-supplier contracts with incomplete information [J]. Management Science, 2001, 47 (5): 709-715.

[55] LIN Y J. An integrated vendor-buyer inventory model with backorder price discount and effective investment to reduce ordering cost [J]. Computers & Industrial Engineering, 2009, 56 (4): 1597-1606.

[56] LIOU M J, TSENG S T, LIN T M. The effects of inspection errors to the imperfect EMQ

model [J]. IIE Transactions, 1994, 26 (2): 42-51.

[57] LIU X, CETINKAYA S. A note on "quality improvement and setup reduction in the joint economic lot size model" [J]. European Journal of Operational Research, 2007, 182 (1): 194-204.

[58] LU L. A one-vendor multi-buyer integrated inventory model [J]. European Journal of Operational Research, 1995, 81 (1): 312-323.

[59] MA P, WANG H Y, SHANG J. Supply chain channel strategies with quality and marketing effect-dependent demand [J]. International Journal of Production Economics, 2013a, 144 (2): 572-581.

[60] MA P, WANG H Y, SHANG J. Contract design for two-stage supply chain coordination: integrating manufacturer-quality and retailer-marketing efforts [J]. International Journal of Production Economics, 2013b, 146 (2): 745-755.

[61] MADDAH B, JABER M Y. Economic order quantity for items with imperfect quality: revisted [J]. International Journal of Production Economics, 2008, 112 (2): 808-815.

[62] MARTINICH J C. Production and operations management [M]. New York: Wiley, 1997.

[63] MOON I. Multiproduct economic lot size models with investment costs for setup reduction and quality improvement: review and extensions [J]. International Journal of Production Research, 1994, 32 (12): 2795-2801.

[64] OMKAR D P. Supply chain coordination using revenue-dependent revenue sharing contracts [J]. Omega, 2013, 41 (4): 780-796.

[65] OUYANG L Y, CHANG H C. Impact of investing in quality improvement on (Q, r, L) model involving imperfect production process [J]. Production Planning & Control, 2000a, 11 (1): 598-607.

[66] OUYANG L Y, CHANG H C. Quality improvement on lot size reorder point model with partial backorders based on limited information of demand [J]. Journal of Statistics and Management Systems, 2000b (3): 75-89.

[67] OUYANG L Y, CHEN C K, CHANG H C. Quality improvement, setup cost and lead-time reductions in lot size reorder point models with an imperfect production process [J]. Computers & Operations Research, 2002 (29): 1701-1717.

[68] OUYANG L Y, CHEN L Y, YANG C T. Impacts of collaborative investment and inspection policies on the integrated inventory model with defective items [J]. International Journal of Production Research, 2013, 51 (19): 5789 – 5802.

[69] OUYANG L Y, WU K S, H O C H. An integrated vendor – buyer inventory model with quality improvement and lead time reduction [J]. International Journal of Production Economics, 2007, 108 (1 – 2): 349 – 358.

[70] PAPACHRISTOS S, KONSTANTARAS I. Economic ordering quantity models for items with imperfect quality [J]. International Journal of Production Economics, 2006, 100 (1): 148 – 154.

[71] PORTEUS E L. Optimal lot sizing, process quality improvement and setup cost reduction [J]. Operations Research, 1986 (34): 137 – 144.

[72] PRASAD B. JIT quality matrices for strategic planning and implementation [J]. International Journal of Operations & Production Management, 1995, 15 (9): 116 – 142.

[73] ROSENBLATT M J, LEE H L. Economic production cycles with imperfect production processes [J]. IIE Transactions, 1986, 18 (1): 48 – 55.

[74] SALAMEH M K, JABER M Y. Economic production quantity model for items with imperfect quality [J]. International Journal of Production Economics, 2000, 64 (1): 59 – 64.

[75] SANA S S. A production – inventory model of imperfect quality products in a three – layer supply chain [J]. Decision Support Systems, 2011, 50 (2): 539 – 547.

[76] SARKER R A, KHAN L R. An optimal batch size for a production system operating under periodic delivery policy [J]. Computers & Industrial Engineering, 1999, 37 (4): 711 – 730.

[77] SARKER R A, KHAN L R. A reply to "Note on: an optimal batch size for a production system operating under periodic delivery policy [J]. Computers & Industrial Engineering, 2003, 44 (1): 193 – 195.

[78] SHI N, ZHOU S, WANG F et al. Horizontal cooperation and information sharing between suppliers in the manufacturer – supplier triad [J]. International Journal of Production Research, 2013.

[79] SHU H, ZHOU X D. An optimal policy for a single – vendor and a single – buyer integrated system with setup cost reduction and process – quality improvement [J]. International Jour-

nal of System Science, 2014, 45 (5): 1242 – 1252.

[80] STALK G, HOUT T M. Competing against time: how time – based competition is reshaping global markets [M]. New York: Macmillan, 1990.

[81] SU C H. Optimal replenishment policy for an integrated inventory system with defective items and allowable shortage under trade credit [J]. International Journal of Production Economics, 2012, 139 (1): 247 – 256.

[82] TAN T, GULLU R, ERKIP N. Modelling imperfect advance demand information and analysis of optimal inventory policies [J]. European Journal of Operational Research, 2007, 177 (2): 897 – 923.

[83] TSOU J C. Economic order quantity model and taguchi's cost of poor quality [J]. Applied Mathematical Modelling, 2007, 31 (2): 283 – 291.

[84] TSOU J C, HEJAZI S R, BARZOKI M R. Economic production quantity model for items with continuous quality characteristic, rework and reject [J]. International Journal of Information, 2009, 1 (1): 1 – 14.

[85] URBAN T L. Analysis of production systems when run length influences product quality [J]. International Journal of Production Research, 1998, 36 (11): 3085 – 3094.

[86] VISWANATHAN S. Optimal strategy for the integrated vendor – buyer inventory model [J]. European Journal of Operational Research, 1998, 105 (1): 38 – 42.

[87] WU J H, ZHAI X, ZHANG C et al. Sharing quality information in a dual – supplier network: a game theoretic perspective [J]. International Journal of Production Research, 2011, 49 (1): 199 – 214.

[88] WU K S, OUYANG L Y. An integrated single – vendor single – buyer inventory system with shortage derived algebraically [J]. Production Planning and Control, 2003, 14 (6): 555 – 561.

[89] YANG J S, PAN J C. Just – in – time purchasing: an integrated inventory model involving deterministic variable lead time and quality improvement investment [J]. International Journal of Production Research, 2004, 42 (5): 853 – 863.

[90] YOO S H, KIM D, PARK M S. Inventory models for imperfect production and inspection processes with various inspection options under one – time and continuous improvement in-

vestment [J]. Computers & Operations Research, 2012, 39 (9): 2001 – 2015.

[91] YOO S H, KIM D, PARK M S. Inventory models for imperfect production and inspection processes with various inspection options under one – time and continuous improvement investment [J]. Computers & Operations Research, 2012, 39 (9): 2001 – 2015.

[92] YU H F, HSU W K, CHANG W J. EOQ model where a portion of the defectives can be used as perfect quality [J]. International Journal of Systems Science, 2012, 43 (9): 1689 – 1698.

[93] ZHANG C, TAN W, ROBB D J et al. Sharing shipment quantity information in the supply chain [J]. International Journal of Management Science, 2006, 34 (5): 427 – 438.

[94] ZHOU Y W, WANG S D. Optimal production and shipment models for a single – vendor single – buyer integrated system [J]. European Journal of Operational Research, 2007, 180 (1): 309 – 328.

[95] ZHU K J, ZHANG R Q, TSUNG F. Pushing quality improvement along supply chains [J]. Management Science, 2007, 53 (3): 421 – 436.

[96] 陈志祥. 现代生产与运作管理（第二版）[M]. 广州：中山大学出版社, 2009.

[97] [日] 今井正明. 改善：日本企业成功的奥秘 [M]. 周亮, 战风梅, 译. 北京：机械工业出版社, 2010.

[98] 李凌云, 达庆利. 含模糊缺陷率且有服务水平限制的EOQ模型 [J]. 工业技术经济, 2009, 28 (11): 50 – 54.

[99] 李群霞, 张群. 考虑缺货和缺陷品的模糊生产库存模型的优化求解 [J]. 系统工程理论与实践, 2011, 31 (3): 480 – 487.

[100] 沙翠翠, 周永务. 存在检验错误并允许缺货的含缺陷产品EOQ模型 [J]. 重庆科技学报：自然科学版, 2010, 12 (4): 191 – 194.

[101] 王圣东, 周永务, 甘犬财. 易变质性产品生产商和销售商库存协调模型 [J]. 系统工程学报, 2010, 25 (2): 251 – 257.

[102] 夏海洋. 考虑质量议题的库存模型与供应链合约研究 [D]. 上海：上海交通大学, 2009.

[103] 夏海洋, 黄培清, 范体军, 等. 考虑订购费用压缩下含瑕疵品的订货批量模型 [J]. 系统工程学报, 2012, 27 (4): 520 – 526.

[104] 熊浩,孙有望. 生产商-销售商联合生产库存问题的一般数学模型[J]. 同济大学学报:自然科学版, 2012, 40 (2): 315-319.

[105] 徐如乾,胡月影,汪莹莹,等. 考虑模糊随机缺陷率且允许缺货的 EOQ 模型[J]. 青岛大学学报:自然科学版, 2010, 23 (3): 82-85.

[106] 杨永新. 不完善质量下易腐商品经济订购量之探讨[D]. 台南:成功大学, 2009.

[107] 张翠华,孙莉莉. 双零售商动态博弈下分销渠道的质量信息披露策略研究[J]. 管理工程学报, 2012, 26 (4): 199-204.

[108] 朱立龙,尤建新. 非对称信息供应链质量信号传递博弈分析[J]. 中国管理科学, 2011, 19 (1): 109-118.

[109] 朱立龙,于涛,夏同水. 两级供应链产品质量控制契约模型分析[J]. 中国管理科学, 2013, 21 (1): 71-79.